Auxiliando a humanidade a encontrar a Verdade

Série
Memórias do Espiritismo

Fotos e ilustrações da página anterior (de cima para baixo, a partir da esquerda):
Gabriel Delanne, Bezerra de Menezes, Allan Kardec, Leon Denis;
William Crookes, Alfred Russel Wallace, Alexander Aksakof, Oliver Lodge;
Yvonne do Amaral Pereira, Alfred Binet, Ernesto Bozzano, Arthur Conan Doyle;
Hercílio Maes, Caibar Schutel, Gustavo Geley, Eurípedes Barsanulfo;
Victor Hugo, Charles Robert Richet, Cesare Lombroso, Pierre Gaetan Leymarie;
Andrew Jackson Davies, Camille Flammarion, Francisco Cândido Xavier, Emanuel Swedenborg.

Reconhecemos a ausência de inúmeros expoentes do espiritismo nesta galeria de imagens. Em razão do limitado espaço, escolhemos apenas algumas personalidades ilustres para representar todos aqueles que gostaríamos de homenagear.

O Mundo Invisível
e a Guerra

© 2014 – Conhecimento Editorial Ltda.

O Mundo Invisível e a Guerra
(Le Monde Invisible et la Guerre)
Léon Denis (1846-1927)

Livraria das Ciências Psíquicas
42. Rue Saint-Jacques, 42
Paris — 1919

Todos os direitos desta edição reservados à
CONHECIMENTO EDITORIAL LTDA.
Rua Prof. Paulo Chaves, 276 - Vila Teixeira Marques
CEP 13480-970 — Limeira — SP
Fone/Fax: 19 3451-5440
www.edconhecimento.com.br
vendas@edconhecimento.com.br

Nos termos da lei que resguarda os direitos autorais, é proibida a reprodução total ou parcial, de qualquer forma ou por qualquer meio — eletrônico ou mecânico, inclusive por processos xerográficos, de fotocópia e de gravação — sem permissão por escrito do editor.

Tradução: Maria Alice Farah Antonio
Projeto gráfico: Sérgio Carvalho
Ilustração da capa: Banco de imagens
ISBN 978-85-7618-324-2 — 1ª Edição - 2014
• Impresso no Brasil • Presita en Brazilo

Produzido no departamento gráfico da
Conhecimento Editorial Ltda
e-mail: conhecimento@edconhecimento.com.br

Dados Internacionais de Catalogação na Publicação (CIP)
(Angélica Ilacqua CRB-8 / 7057)

Denis, Leon, 1846-1927.
O Mundo Invisível e a Guerra / Leon Denis ; [tradução Maria Alice Farah Antonio] — Limeira, SP : Editora do Conhecimento, 2014.
202 p. (Série Memórias do Espiritismo, v. 12)

ISBN 978-85-7618-324-2
Título original: *Le Monde Invisible et la Guerre*

1. Espiritismo 2. Guerras - Aspecto espiritual 3. Lei de ação e reação 4. Justiça divina I. Título II. Antonio, Maria Alice Farah III. Série.

14-0425	CDD – 133.9

Índices para catálogo sistemático:
1. Espiritismo

Memórias do Espiritismo
Volume 12

Léon Denis

O Mundo Invisível e a Guerra

1ª edição
2014

EDITORA DO CONHECIMENTO

Série Memórias do Espiritismo

Volume 1	Evolução Anímica	Gabriel Delanne
Volume 2	A Alma Imortal	Gabriel Delanne
Volume 3	O Espiritismo, a Magia e as Sete Linhas de Umbanda	Antonio Eliezer Leal de Souza
Volume 4	O Espiritismo Perante a Ciência	Gabriel Delanne
Volume 5	Pesquisas sobre a Mediunidade	Gabriel Delanne
Volume 6	As Forças Naturais Desconhecidas	Camille Flamarion
Volume 7	A Crise da Morte	Ernesto Bozzano
Volume 8	No Mundo dos Espíritos	Antonio Eliezer Leal de Souza
Volume 9	Urânia	Camille Flamarion
Volume 10	Tratado de Metapsíquica	Charles Richet
Volume 11	O Problema do Ser e do Destino	Leon Denis
Volume 12	O Mundo Invisível e a Guerra	Leon Denis
Volume 13	O Gênio Celta e o Mundo Invisível	Leon Denis
Volume 14	Viagem Espírita em 1862	Allan Kardec
Volume 15	Que é o Espiritismo	Allan Kardec

Sumário

Introdução 9
1. O espiritismo e a guerra 11
2. Cenas do Espaço. Visões reais da guerra e da epopeia 15
3. As lições da guerra 20
4. O mês de Joana d'Arc 26
5. A justiça divina e a guerra atual 33
6. O despertar do gênio céltico 40
7. O dia de finados na trincheira 46
8. Ação dos espíritos sobre os presentes acontecimentos 50
9. O espiritismo e as religiões 56
10. Responsabilidades 68
11. A hora do espiritismo 77
12. Autoridade e liberdade 84
13. Ressurreição 96
14. "Sursum Corda" 102
15. O futuro do espiritismo 105
16. O espiritismo e a ciência 109
17. O espiritismo e a renovação das vidas anteriores 116
18. O espiritismo e as Igrejas 124
19. O espiritismo e a filosofia contemporânea 134
20. Nascimento de um mundo novo 142
21. O reinado do espírito 145

22. Hosana!... 151
23. A experimentação espírita - Escrita mediúnica 159
24. A experimentação espírita - Tiptologia........................ 175
25. A experimentação espírita 183
26. A alma e os mundos: a vida infinita............................. 191
27. A Grande Doutrina... 197

Introdução

A partir de 1914, a França viveu muitas horas de cruel angústia e beirou muitos abismos. Após cinquenta meses de lutas, de esforços, de sacrifícios, ela saiu da provação engrandecida, aureolada pela vitória, regenerada pela dor. Certamente, ela deve essa vitória ao apoio dos seus aliados, ao heroísmo de seus soldados, à ciência e à engenhosidade de seus chefes; mas deve-a, sobretudo, às poderosas ajudas do mundo invisível, que jamais deixou de intervir em seu favor. É essa uma das facetas menos conhecidas desse imenso drama para a qual acreditamos ser necessário chamar a atenção de todos.

Graças a um excelente médium, cuja clarividência e sinceridade eram evidentes para mim, pude seguir, durante mais de três anos, a ação dos espíritos sobre os acontecimentos e notar seus traços essenciais. Por meio da incorporação, meus amigos do espaço e, entre eles, um espírito eminente, me comunicavam de quando em quando suas apreciações sobre essa terrível guerra considerada em seus dois aspectos, o visível e o oculto. Essas comunicações me inspiraram, nas datas indicadas, certo número de artigos que podemos encontrar reunidos neste volume. Acrescentei outros, ditados pelas circunstâncias e que eu tinha publicado em diversas revistas. O livro termina com uma série de páginas inéditas.

O intuito principal desses escritos é orientar o pensamento francês para um espiritualismo científico e elevado, para uma crença capaz de colocar nossa nação à altura dos grandes deveres e das nobres tarefas que lhe competem. É preciso que uma ampla corrente idealista, um potente sopro moral varram as sombras, as dúvidas, as incertezas que ainda pesam sobre tantas inteligências e consciências a fim de que um raio das verdades eternas ilumine os cérebros, aqueça os corações e leve consolo àqueles que penam e sofrem.

A educação do povo deve ser completamente reformada, a fim de se comunicar a todos a noção dos deveres sociais, o sentimento das responsabilidades individuais e coletivas e, sobretudo, o conhecimento do objetivo real da vida, que é o progresso, a purificação da alma, o aumento de suas riquezas íntimas e ocultas.

É necessário, enfim, que estreita solidariedade una os vivos aos mortos e que as duas humanidades, a da Terra e a do espaço, colaborem na obra comum de renovação e de progresso. Demonstramos em outro local[1] a ação dos poderes invisíveis na História, mas nunca, talvez, essa ação manifestou-se com mais grandeza do que nos acontecimentos atuais, em prol do direito e da justiça. Seria realmente muito lamentável que tão grave e solene lição se perdesse e que o homem permanecesse indiferente aos apelos e às ajudas do Além. Eles devem, ao contrário, estimular, em todos, os estudos desse mundo invisível ao qual pertenceremos cedo ou tarde, já que a morte é apenas uma passagem e que nossos destinos são infinitos.

O passado da França é rico de brilhantes períodos e de páginas gloriosas; mas seu futuro se anuncia mais esplêndido ainda, se o sopro do espírito que anima os mundos passar por sua alma; se ele regular e dirigir as forças vivas, as forças ascendentes suscitadas pela guerra e que nela vibram, ela poderá realizar obras que ultrapassarão em poder e brilho a tudo quanto seu gênio até hoje produziu.

Março de 1919

---

1 Vide *O Problema do Ser e do Destino*.

Capítulo 1

O espiritismo e a guerra

Outubro de 1914

Há alguns meses, aconteceram fatos terríveis. Uma tempestade de ferro e fogo desencadeou-se sobre a Europa e os alicerces da civilização foram abalados. Não são milhares, são milhões de homens que se trombam em um choque formidável, em uma luta tal que o mundo nunca presenciara. É tão considerável o número de vidas humanas sacrificadas, que o pensamento fica estarrecido. O próprio destino das nações é posto em jogo. Em certas horas trágicas, a França sentiu passar sobre ela um vento de ruína e de morte. Sem os socorros lá do Alto e sem a legião inumerável dos espíritos que acudiu de todos os pontos do Espaço para apoiar seus defensores, aumentar-lhes a energia, estimular-lhes a coragem, inflamar-lhes o ardor, talvez ela houvesse sucumbido.

Em presença desse terrível drama, como em um pesadelo, perguntamo-nos que lição resulta desses fatos dolorosos.

Notemos, primeiramente, que esses acontecimentos foram anunciados com antecedência. De todas as partes, abundavam os avisos, os presságios. Nós mesmos sentíamos aproximar-se a tempestade. Um mal-estar indefinível invadia-nos as almas. Segundo as palavras de um pensador, os grandes acontecimentos que abalam o mundo projetam para frente a sua sombra.

Entretanto, a massa de humanos permanecia indiferente. Há vinte anos a França, principalmente, adormecera em um sonho de bem-estar, de sensualidade. A maioria de seus filhos tinha apenas por objetivo a conquista da fortuna e os gozos que ela proporciona. A consciência pública, o sentimento do dever, a disciplina familiar e social, sem as quais não há um grande povo, enfraqueciam-se cada vez mais. Processos, escandalosos revelavam um estado de profunda corrupção.

O alcoolismo, a prostituição e a baixa natalidade que daí resultam pareciam destinar a nação a uma irremediável decadência. Nossos inimigos consideravam os franceses um povo acabado e preparavam-se para partilhar os seus despojos. Discussões estéreis não nos condenavam à impotência? Ora, nossa desunião era apenas vã aparência. Diante do perigo que ameaça a pátria, todos os corações franceses sabem unir-se para um supremo esforço.

Como em todos os momentos solenes da História, como no tempo de Joana d'Arc, o mundo invisível interveio. Sob o impulso do Alto, as forças profundas da raça, essas que se encontram adormecidas em cada um de nós, despertaram, entraram em ação e, em um ardor renascente, fizeram reaparecer à luz do dia as virtudes heroicas dos séculos passados.

O general Joffre é certamente um estrategista de valor, mas sabemos de fonte segura que suas melhores inspirações, sem que ele o saiba, vêm do Alto.

Nossa nação, que diziam corrompida, condenada a desaparecer, mostrou ao mundo surpreso que nela dormia um poder irresistível. Sob o flagelo da provação e por uma vontade superior, a França acordou. Com ímpeto soberbo, disposta a todos os sacrifícios, ergueu-se contra um invasor sem escrúpulos, cego de orgulho, ávido para implantar no mundo seu domínio brutal e bárbaro.

Pensem o que pensarem os alemães, há justiça no Universo. Não basta ter nos lábios, a todo o momento, o nome de Deus, é preferível ter no coração as suas leis imutáveis. O direito não é uma palavra vã; o poder material não é tudo neste mundo; as mentiras, a perfídia, a violação dos tratados, o incêndio das cidades, o massacre dos fracos e dos inocentes não podem achar desculpas perante a majestade divina.

Todo o mal praticado recai com suas consequências sobre

quem o produziu, o direito violado dos fracos se volta contra os poderes que o ultrajam. A invasão e a devastação da Bélgica e do norte da França provocaram a indignação geral bem como a formidável reação das forças invisíveis. Das regiões devastadas subiu ao céu um grito de angústia: o céu não permaneceu surdo a esses desesperados apelos. As forças vingadoras do Além entraram em ação: são elas que elevam a França acima de si mesma e impelem seus filhos ao combate. Atrás dos que sucumbem, outros surgirão até que o invasor sinta sua resolução enfraquecer e o destino voltar-se contra ele.

Os que morreram retornam ao Espaço com a auréola do dever cumprido; o seu exemplo inspirará as gerações futuras.

A lição que decorre desses terríveis acontecimentos é que o homem deve aprender a elevar os pensamentos acima dos tristes espetáculos deste mundo e a dirigir os olhos para esse Além de onde virão os socorros, as forças de que ele necessita para prosseguir numa nova etapa para o fim grandioso que lhe é designado.

Nossos contemporâneos entregaram o pensamento e o coração às coisas materiais. Os fatos lhes demonstram que tudo nelas é instável e precário. As esperanças e glórias que elas suscitam são sem futuro. Nenhuma fortuna e nenhum poder terrestre está protegido das catástrofes; só tem verdadeira duração, riqueza e esplendor, o espírito imperecível. Só ele pode transformar as obras de morte em obras de vida. Para compreender, porém, essa lei profunda é necessária a escola do sofrimento. Assim como o raio de luz deve ser refratado no prisma para produzir as brilhantes cores do arco-íris, também a alma humana deve ser quebrada pela provação, para irradiar todas as energias, todas as boas qualidades que nela dormem.

É principalmente na desgraça que o homem pensa em Deus. Assim que as paixões ardentes suscitadas pelo ódio e pela vingança serenarem, quando a sociedade tiver retomado sua vida normal, começará a missão dos espíritos. Quantos lutos para consolar! Quantas feridas morais para curar! Quantas almas dilaceradas para confortar! Sob a ação lenta, profunda e eficaz da dor, inúmeros seres tornar-se-ão acessíveis às verdades de que somos depositários responsáveis. Saibamos, pois, aproveitar as circunstâncias trágicas que atravessamos. Delas a Providência saberá fazer surgir um bem para humanidade.

Todas as almas fortes, que conservaram o sangue frio no meio da tormenta, pedirão conosco, com toda confiança, que as provações sofridas por nossa nação lhe façam vibrar na alma os sentimentos de honra, de união e de concórdia, que são poderosos meios de restabelecimento. Esses sentimentos, em sua intensidade, poderiam reagir contra os flagelos da sensualidade, do egoísmo, do personalismo desmesurado que se haviam erigido como senhores em nossa França, sufocando os instintos generosos, sempre prontos a nela reviver. Que, de mãos estendidas e de corações abertos, os franceses, raça inteligente e nobre, voltem a ser objeto de admiração, exemplo vivo que todas as nações terão prazer em seguir!

Capítulo 2

Cenas do Espaço. Visões reais da guerra e da epopeia

Janeiro de 1915

Eles estão ali, planando sobre o imenso front que se estende das margens do mar brumoso até as cristas dos Vosges e as planícies da Alsácia; ali estão os espíritos de todos aqueles que, através dos séculos e em todos os campos, principalmente na arte militar, contribuíram para ilustrar a França, para edificar sua glória imorredoura. Eles apoiam, impulsionam, inspiram nossos soldados e seus chefes.

Há quatro meses, os combatentes quase enterrados na terra, ocultos nos acidentes do solo, no meio de suas redes de arame, prosseguem em uma guerra de sapa e de astúcia, na qual a paciência se cansa e a coragem se esgota lentamente.

Outrora, a guerra tinha sua beleza trágica, sua grandeza. Lutava-se a descoberto, de cabeça erguida, com bandeiras desfraldadas. Hoje, são apenas armadilhas, maquinações, emboscadas. Por toda parte, nas obras da paz bem como nas da guerra, os germanos desnaturaram, amesquinharam, depreciaram tudo o que foi nobre. A traição, a perfídia, a falsidade são os seus princípios habituais.

Os gênios malignos, os negros espíritos de crime e de rapina, os reiters[1] e os lansquenês[2] da Idade Média estão com eles, reencarnados em suas fileiras, ou então invisíveis, participando

---
[1] Em alemão, cavaleiros. Os reiters eram cavaleiros que, na Idade Média, rodeavam a parte germânica da Europa.
[2] Mercenários de infantaria alemã, dos séculos XV ao XVII.

de seus combates. Seu triunfo seria a submissão da Europa, o esmagamento dos fracos e a espoliação dos vencidos. Seria um retorno da humanidade à barbárie.

Os espíritos ilustres que velam pelas nossas linhas assistiram a lutas mais nobres, mais generosas. Por isso, essa táctica, esses procedimentos surpreendem-nos e afligem-nos. E às vezes, vendo tantos esforços quase infrutíferos, apoderam-se deles a hesitação, a inquietação, e perguntam-se, angustiados, qual será o fim dessa terrível guerra.

Quanto sangue e quantas lágrimas! Quantos jovens heróis abatidos! Quantos despojos humanos jazem sobre a Terra! Será que nossa nação irá ver aniquilar-se toda a sua força, toda a sua vida?

Eis que do alto do espaço infinito aparece um novo espírito; ao vê-lo todos se agitam, todos se comovem. E, no entanto, é apenas uma mulher; trazendo a fronte cingida por uma auréola: animam-lhe o semblante o entusiasmo e a fé. Assim que ela surge, um frêmito perpassa por essas legiões de invisíveis; um nome voa de boca em boca: Joana d'Arc!

É a filha de Deus. A Virgem das batalhas! Ela vem despertar as energias entorpecidas, as coragens enfraquecidas. Desde o inicio da guerra, ela se mantinha à distância, entre suas irmãs celestes, no meio desse grupo de seres graciosos e encantadores, seres angélicos cujo comando, após o martírio, Deus lhe confiou. A sua missão consiste em consolar as dores humanas, aplacar os sofrimentos morais, pairar sobre as almas que muito sofreram.

Porém a hora chegou. Ao ouvir o relato dos males que se abatem sobre a Pátria, esta França tão cara, por quem sacrificou a vida, o coração da Virgem Lorena confrangeu-se; apossou-se dela o desejo ardente e imperioso de nos socorrer. Cedeu a ele. No momento da partida, suas irmãs, suas companheiras do espaço inclinam-se ante àquela que veneram, dizendo: "Faremos preces pelo triunfo de vossas armas, filha amada de Deus!". Ela acode e ao seu redor acorrem os espíritos heroicos, protetores da França, para saudá-la e servir-lhe de comitiva. Ela, na sua simplicidade, lhes diz: "Como nos séculos passados, senti a irresistível necessidade de me reunir àqueles que lutam pela salvação da Pátria. Aceitar-me-eis em vossas fileiras?" E todos, num elã de entusiasmo, exclamam: "Colocai-vos à nossa frente, marcharemos sob vossas ordens!".

* * *

Conselhos sucessivos se reúnem acima de nossas linhas; aqueles que os compõem são portadores de nomes ilustres, cuja reunião sintetiza toda a glória dos séculos, toda a história da França! Neles figura Henrique IV junto de Napoleão; Vercingetorix lá se encontra com os capitães de Carlos VII, os generais de Luiz XIV e os da Revolução, todos os heróis de nossas lutas de outrora e os libertadores da Pátria. Veem-se até vários chefes ingleses, pois toda inimizade cessou e há apenas em todos esses espíritos um único pensamento e um mesmo coração.

Todos têm por Joana a maior deferência. Ninguém lhe toma a dianteira. Discutem-se gravemente os meios de ataque, os procedimentos necessários a essa guerra de trincheiras. O pensamento de Deus paira sobre essa assembleia e quando o espírito eminente que a preside abre a sessão, invocando o Seu augusto nome, todos se inclinam respeitosamente. Se a França, em muitos lugares, se tornou cética, agnóstica, entregue a todas as correntes do materialismo e da sensualidade, ao menos no seio desse supremo conselho, onde se encontram reunidos os guias invisíveis, impera uma fé ardente. Talvez seja por isso que se atenuam, em certa medida, as provações e as duras lições que ela mereceu.

As resoluções tomadas serão transmitidas por meio da intuição e da inspiração aos generais cuja missão é de executá-las. Para tanto, cada um dos espíritos presentes a esses conselhos escolherá entre nossos chefes de exército aqueles cuja natureza psíquica mais se harmonize com a própria e, por vontade persistente, os guiará no sentido escolhido. Sua influencia sobre a massa dos soldados se exercerá de outro modo. Os espíritos esforçar-se-ão, sobretudo, em acrescentar ao entusiasmo, à impetuosidade, que são as qualidades naturais da raça, a perseverança e a tenacidade na luta, tão necessárias no momento atual, e que por vezes nos faltaram.

Pois, como tudo isso o demonstra, as almas dos mortos não

são, como alguns o acreditam, entidades vagas e indefinidas. Quando atingem as camadas superiores da hierarquia espiritual, elas se tornam poderes irresistíveis, centros de atividades e de vida, capazes de reagir no seio da humanidade terrena. Pela sugestão magnética, elas podem inspirar os que por elas foram escolhidos, fazer neles germinar a ideia mestra e impeli-los ao ato decisivo que lhes coroará a obra. Assim, os Invisíveis se envolvem nos atos dos vivos, para a realização do bem e o cumprimento da justiça eterna.

* * *

Soará em breve, como alegre fanfarra, a hora da vitória. Toda a França está de pé; a do presente e a do passado, a França dos vivos e a dos mortos! Os poderes invisíveis, as forças divinas estão em ação, pois grande e sagrada é a luta que se trava. É a luta da liberdade, do direito e da justiça, contra a brutalidade armada, contra o despotismo cínico e grosseiro. Por isso a França não poderia ser vencida, já que a causa que representa é a da humanidade. O trinfo da Alemanha seria o recuo da consciência, a apoteose de todos os crimes. Deus não o permitirá!

Com frequência, através dos séculos, a França se fez campeã das ideias generosas: deu seu ouro e prodigalizou seu sangue na defesa dos fracos e na libertação dos oprimidos. Eis porque suas mais ruidosas derrotas foram sempre seguidas de rápida recuperação. Apesar de seus erros e falhas a França é necessária à ordem do mundo. Em todos os domínios, mais do que qualquer outra nação, ela serviu ao ideal até o sacrifício. Seu papel é estético. Graças à lucidez de sua língua e da clareza seu gênio, os princípios que ela defende penetram mais profundamente nas inteligências e nos corações e todos os povos nela vieram haurir como em uma fonte inesgotável. Seu prestigio no futuro será ainda maior: é de seu seio que sairão os missionários, cujo pensamento fará irradiar o Espiritismo por toda a Terra. Poder-se--ia dizer que a França é mulher, já que ela sintetiza a beleza e a verdade. É por isso que plana acima de seus espíritos protetores uma alma feminina.

A intervenção de Joana d'Arc deu aos acontecimentos seu

sentido preciso. Ela devolverá à França a consciência de seu papel e de seus magníficos destinos. Por isso, com a aparição da Virgem Lorena os espíritos que nos assistem sentiram aumentar sua confiança com a certeza do trinfo. Preparam-se numerosos exércitos. Dia virá em que Joana se colocará à frente deles e, embora invisível, nossos soldados terão a sensação de sua presença, ela lhes transmitirá o ardor que a inflama. Com resolução viril, afrontando o fogo e a metralha eles marcharão contra o inimigo. E o vento que sopra nas planícies do Flandres, na floresta dos Vosges fará flutuar novamente nossos estandartes vitoriosos. Os filhos da França escreverão com seu sangue as mais gloriosas páginas de nossa historia.

Capítulo 3

As lições da guerra

Março de 1915

A luta formidável que continua entre as nações e as raças, as convulsões que agitam o mundo suscitam os mais graves problemas. Em presença do grande drama que se realiza, o pensamento, ansioso, se faz mil perguntas. Em certos momentos, a dúvida, a inquietação e o pessimismo invadem os mais fortes e resolutos espíritos.

Não passará o progresso de uma quimera? Será a civilização submersa pela maré alta das paixões brutais? Serão vãos os esforços dos séculos para realizar a justiça, a solidariedade, a paz na harmonia social? As concepções da arte e do gênio, os resultados do imenso labor de milhões de cérebros e de braços irão desaparecer na tormenta? O pensador espiritualista sonda sem vertigem esse abismo de males. Do caos dos acontecimentos ele tira a grande lei que rege todas as coisas. Antes de tudo, recorda-se de que o nosso planeta é uma morada muito inferior, o laboratório em que se esboçam as almas ainda jovens em suas aspirações confusas e paixões desordenadas.

O sentido profundo da vida lhe aparece com suas duras necessidades que a ele se prendem, é a colocação em ação das qualidades e das forças que repousam em cada ser. Para que venham à tona as energias que dormem, ignoradas e mudas, nas trevas da alma, é preciso que haja aflições, angústias e lágrimas. Não há grandeza sem sofrimento, nem grandeza sem provação.

Se o homem terreno se libertasse das vicissitudes da sorte e ficasse privado das grandes lições da adversidade, poderia fortalecer seu caráter, desenvolver sua experiência, valorizar as riquezas ocultas de sua alma?

Sendo o mal uma fatalidade do nosso mundo, não haverá responsabilidade para os maus? Acreditá-lo seria um erro funesto: o homem, na sua ignorância e cegueira, semeia o mal, cujas consequências recaem pesadamente sobre ele, como também sobre todos os que se associam às suas más ações. É o que está acontecendo no momento em que vivemos.

Dois poderosos monarcas, um protestante, e outro católico desencadearam a guerra com todos os seus horrores; durante meio século eles tudo prepararam, tudo calcularam, tudo combinaram para um sucesso esmagador.

Intervieram, porém, as forças divinas, os poderes espirituais; eles suscitaram nas nações ameaçadas uma resistência heroica; fizeram surgir os tesouros de bravura que existências anteriores haviam acumulado no fundo das almas célticas e latinas.

Vede que reviravolta após seis meses de lutas. No início da campanha, os alemães faziam uma guerra de conquista; hoje estão reduzidos a combater em defesa própria.

Nas horas incertas e angustiantes, surge sempre um homem providencial! No presente caso, para a França, esse homem é o general Joffre. Ele possui as qualidades requeridas pelas graves circunstâncias atuais. Soube deter no Marne a enorme avalanche germânica e agora, como chefe sábio e prudente, poupando o sangue de seus soldados, prepara pacientemente os meios de fazer o inimigo retroceder para além das fronteiras.

Acima do tumulto confuso das batalhas, para além dos clarões sinistros da carnificina e do incêndio, entrevemos uma espécie de aurora, vemos esboçarem-se as linhas de um ideal grandioso. Pressentimos a obra de moralização que brota do sofrimento.

Por trás do fumo das paixões que sobem da terra, sentimos a presença de um tribunal invisível que aguarda o desfecho para reivindicar os direitos da justiça eterna. Nossos combatentes sentem vagamente essas coisas; têm a intuição de que a causa que defendem é augusta e sagrada e essa impressão se propaga progressivamente por todo o país; é porque o pensamento se tornou mais digno, os sentimentos mais graves e profundos. A tormenta varreu as frivolidades, as leviandades, todas as coisas pueris e mundanas com que a nossa geração gostava de se ocupar, para só deixar de pé o que em nós há de mais sólido e de melhor. Com certeza, ainda subsistem na alma francesa muitos germes de imoralidade, de corrupção e decadência, a tal ponto que, por vezes, poderíamos nos perguntar se a terrível lição será suficiente para sanear nossos vícios. Em contrapartida, muitas existências fictícias, estéreis ou desordenadas se tornaram mais simples, mais fecundas e mais puras.

A vida pública ou privada, em certos aspectos, sofre uma transformação radical. Esta purificação dos hábitos e do caráter acarreta a das letras francesas, do jornalismo, em suma, do pensamento expresso em todas as suas formas. Parece que estamos livres por muito tempo dessa psicologia mórbida, dessa pornografia de baixo calão, venenos da alma, que nos faziam ser considerados pelo estrangeiro como uma nação em decadência. Qual será, pois, aquele que, tendo honra de se servir da pena, ouse recair em tais erros? Os escritores, os romancistas do futuro terão, para as suas obras, assuntos diferentes, graves e elevados.

Certo, não perdemos de vista o triste cortejo das calamidades engendradas pela guerra; hecatombes terríveis, o desperdício de vidas, cidades saqueadas ou destruídas, os estupros, incêndios, os velhos, as mulheres, as crianças espoliados, assassinados ou mutilados, o êxodo dos rebanhos humanos abandonando seus lares devastados, em suma, o espetáculo da dor humana no que ela tem de mais intenso e de pungente.

Mas, como todos espíritas o sabem, a morte não é senão uma aparência; a alma, ao se desprender do seu invólucro material, adquire uma força maior, uma percepção mais justa das coisas, e o ser se acha mais vivo no Além.

A dor purifica o pensamento, nenhuma pena é em vão, nenhuma provação fica sem compensações. Os que morreram pela pátria colhem os frutos de seu sacrifício e os sofrimentos dos que subsistem colocam em seus períspíritos ondas de luz e os germes das felicidades vindouras.

Quanto à questão do progresso, ela é fácil de resolver. O progresso só é real e duradouro com a condição de que seja simultâneo em seus dois aspectos, o material e o moral.

O progresso exclusivamente material é apenas uma arma frequentemente posta ao serviço das paixões más. A ciência forneceu aos bárbaros modernos formidáveis meios de destruição: engenhos de todas as formas, explosivos violentos, pastilhas incendiárias, aparelhos para lançar líquidos inflamáveis, gases asfixiantes, corrosivos etc. A própria navegação aérea e submarina ampliou em largas proporções o domínio dos massacres.

Todos os avanços da ciência deixam o homem infeliz, quando ele permanece mau. O mesmo acontecerá enquanto a educação do povo for falseada e lhe deixarem ignorar as verdadeiras leis do ser, do destino, e o princípio das responsabilidades, com suas repercussões através de nossas vidas renascentes. Em relação a isto, a falência das religiões e da ciência é completa; a atual guerra é uma demonstração por demais evidente.

Quanto ao progresso moral, ele é lento e quase insensível na Terra, porque a população do globo acumula sem cessar os elementos vindos dos mundos inferiores. Só os espíritos que atingiram neste mundo certo grau de progresso evoluem com vantagem para humanidades melhores. Daí decorre que o nível pouco varia e que as qualidades morais permanecem raras e ocultas.

Os golpes da adversidade serão por muito tempo ainda um dos mais eficazes meios de arrancar o homem de si próprio, do círculo estreito que o encerra e de obrigá-lo a elevar mais alto o pensamento. Ser-lhe-á preciso subir repetidas vezes a rude encosta do calvário através dos espinheiros e das pedras pontiagudas; mas, do áspero cume, ele avistará o brilho do grande foco de sabedoria, de verdade e de amor que ilumina e reanima o Universo. Na ordem psíquica tudo se resume em duas palavras: *reparação* e *elevação!*

Os flagelos são o cortejo inevitável das humanidades retrógradas e a guerra, é o pior de todos; sem eles, o homem pouco evoluído atardar-se-ia nas futilidades do caminho ou estagnaria na preguiça e no bem-estar. É preciso o estímulo da necessidade; é preciso o sentimento do perigo, para obrigá-lo a por em ação as forças nele adormecidas, para desenvolver-lhe a inteligência e apurar-lhe o julgamento. Tudo aquilo que é destinado a viver e a crescer é elaborado na dor. É necessário sofrer para dar à luz: eis a parte da mulher; é preciso sofrer para criar, eis a parte do gênio.

É nos momentos trágicos de sua história que as qualidades viris de uma raça se mostram com maior vigor. Sem dúvida, se a guerra desaparecesse, com ela desapareceriam muitos males, muitos horrores, mas não é ela também geradora do heroísmo, do espírito de sacrifício, do desprezo pelo sofrimento e pela morte? E é o que faz a grandeza do ser humano, o que o eleva acima do bruto.

O homem, espírito imperecível, é um centro de vida e de ação, que, de todas as vicissitudes, de todas as provações, mesmo as mais cruéis, deve fazer tantos meios de evolução, tantos processos para que se irradiem cada vez mais as energias adormecidas nas nossas profundezas íntimas.

As grandes emoções suspendem as preocupações banais, frequentemente frívolas, da vida, abrem em nós uma passagem para as influências do Espaço. Ao choque dos acontecimentos, a bruma formada por nossas preocupações, nossos pensamentos, nossas inquietações de cada dia se rompe e a grande lei –, o fim supremo da existência – se revela por um instante aos nossos olhos.

Nos mundos mais evoluídos, entre as humanidades superiores, os flagelos não têm mais razão de ser. A guerra não existe, porque a sabedoria do espírito pôs fim a todas as causas de conflitos. Os habitantes das esferas felizes, iluminados pelas verdades eternas, tendo adquirido os poderes da inteligência e do coração, não mais têm necessidade desses estimulantes terríveis para despertar e cultivar os recursos ocultos da alma. Na grande escala da evolução, as causas da dor se atenuam à medida que o espírito se eleva, porque se tornam cada vez menos necessárias a uma ascensão que prossegue livremente na paz e na luz.

O sofrimento é o grande educador dos indivíduos e dos povos; quando eles se desviam do caminho certo e resvalam para a sensualidade e para a decadência moral, ele os traz de volta com o seu aguilhão.

Precisamos sofrer para desenvolvermos em nós a sensibilidade e a vida. Essa é uma lei grave, austera e fecunda nas suas consequências. Precisamos sofrer para sentirmos, amarmos, crescermos, elevarmo-nos. Só o sofrimento põe um termo aos furores da paixão; desperta em nós as reflexões profundas; revela às almas o que há de maior, de mais belo, de mais nobre no Universo: a piedade, a caridade e a bondade!

Do banho de sangue e de lágrimas a França sairá mais jovem e mais bela, resplandecente de uma glória eterna, para prosseguir na missão de que a história lhe incumbe.

Capítulo 4

O mês de Joana d'Arc

Maio de 1915

Depois do longo sono do inverno, a Terra novamente vestiu seus ornamentos. No vasto jardim público que se estende sob minhas janelas, os canteiros de flores brilhantes alternam-se com as verdes folhagens. Os cisnes deslizam majestosamente sob o lençol tranquilo das águas, e, nos altos ramos, as aves canoras, como que inebriadas, se entregam a intermináveis concertos. Uma suave claridade envolve todas as coisas, enquanto ao longe, no front, os fumos da batalha rastejam no chão, e velam o céu.

É o mês de maio, mês de Joana d'Arc, assim chamado porque nele se reúnem as datas dos mais memoráveis acontecimentos de sua vida: dias 7 e 8, libertação de Orleans; dia 24, sua prisão em Compiègne; dia 30 o seu martírio em Rouen.

Nesta época do ano, meu pensamento emocionado se dirige sempre à Virgem Lorena como a um modelo de força e beleza moral. Nela se reúnem as qualidades mais antagônicas na aparência: energia e ternura, firmeza e doçura, idealismo e senso prático. Evoco o seu espírito; penso em seu sacrifício.

Nas circunstâncias dolorosas por que passa a França, essa evocação assume um caráter geral e grandioso; é o apelo supremo de uma nação ameaçada, pisoteada por feroz inimigo; é o grito de angústia de um povo que não quer morrer e que implora o auxílio dos poderes celestes, das forças invisíveis!

Antes da guerra, o culto de Joana era apreciado, sem dúvida; o número de seus fiéis era grande; porém, entre estes, muitos consideravam os fatos de sua vida como coisas vagas, longínquas, quase lendárias, pelo menos quase apagadas pelo recuo do tempo. As tentativas de monopolização da heroína pelo clero católico haviam levantado contra ela um partido político inteiro.

A proposta de criar uma festa nacional para celebrar sua memória dormia há mais de dez anos esquecida nas gavetas da Câmara. Um enxame de críticos meticulosos e mal-intencionados abateu-se sobre os pormenores de sua história, para contestá-los, denegri-los ou, pelo menos, ofuscar-lhes o brilho. Anatole France a apresentava aos nossos contemporâneos como uma mística quase idiota; Thalamas chegava mesmo até a injúria. Hanotaux referia-se a ela mais dignamente, mas queria fazer dela o instrumento das ordens religiosas mendicantes, o que era pura fantasia.

Do Messias do nosso país, admirado e glorificado pelo mundo inteiro, os franceses chegaram a fazer um assunto de polêmica e de discórdia.

A reviravolta hoje é completa. Sob a tempestade de ferro e fogo que a sevicia, na angústia que a sufoca, a França inteira volta o pensamento para Joana e lhe invoca o socorro. Imploram-lhe que salve, uma segunda vez, a pátria invadida.

A esses apelos, acudindo do seio do Espaço, ela paira sobre nossas misérias e dores para atenuá-las e consolá-las. Faz mais: à cabeça de um exercito invisível, ela age no front, transmitindo aos nossos soldados a chama sagrada que a inflama, impelindo-os ao combate, à vitória!

Entre os espíritos que a rodeiam, há poderosos e gloriosos; mas ela a todos domina com a sua energia sublime. A filha de Deus assumiu a nossa causa. Certa de tal auxílio na terrível luta em que se engajou, a França não sucumbirá.

E sabemos tudo quanto devem sofrer esses nobres espíritos com o contato da Terra? Sua natureza, sutil, purificada, torna, para eles, penosa a permanência em nosso mundo inferior. Precisam de constante esforço de vontade para se manterem na sua atmosfera saturada de maus pensamentos e de fluidos grosseiros, agravados ainda pelas vibrações das paixões furiosas desencadeadas pela atual guerra.

Acrescentai a isso o horrível espetáculo dos massacres, os montes de cadáveres, os estertores dos moribundos, os gritos pungentes dos feridos, a visão das horrendas chagas produzidas pelos explosivos, por todos os engenhos de morte que os exércitos modernos arrastam consigo. Quantas emoções dolorosas para conter, para dominar! Joana presenciou, certamente, na Idade Média, cenas desse gênero, mas em proporções muito menores! Ela reagirá energicamente contra qualquer fraqueza, pois, diz ela, tudo se torna secundário, tudo esvanece diante do objetivo essencial, o objetivo a ser atingido: a libertação da pátria!

A irradiação da sua força fluídica se estende sobre todos, até sobre os ingleses, que se tornaram nossos irmãos de armas. Entre os nossos soldados, alguns, dotados de faculdades psíquicas, veem-na passar na fumaça dos combates; mas, todos, intuitivamente, sentem sua presença e depositam nela sua suprema esperança. Daí as qualidades heroicas manifestadas, qualidades essas que causam decepção aos alemães, o estupor de todos os que, não sem razão aparente, acreditavam na decadência irremediável de nossa raça.

* * *

Da mesma forma como dominou o século quinze, o vulto de Joana d'Arc dominará o nosso tempo. É nela e por ela que se fará à união da pátria. Ontem ainda, como na época de Carlos VII, a França estava dividida, dilacerada por facções políticas nascidas de cobiças, de apetites inconfessáveis. Na hora do perigo, tudo isso entrou na sombra e calou-se, para permitir que o país fizesse ouvir sua voz e seus apelos aos poderes lá do alto.

Os próprios partidários do radicalismo e do socialismo, que ainda há pouco combatiam Joana d'Arc no Palais-Bourbon, se voltam para ela a fim de reverenciá-la.

No dia 26 de abril, o senador Fabre escrevia a Maurice Barrès: "Acabo de receber uma carta do senhor Léon Bourgeois na qual me diz: 'Podeis registrar minha cordial adesão à festa nacional de Joana d'Arc' e acrescentava: 'Eis, pois, conquistados Hervé, Clemenceau e Bourgeois. Joana d'Arc nos protege. Nós venceremos todos'".

Certos políticos já veem próxima a hora em que o governo, apoiando-se em todos os partidos, glorificará em Joana essa sagrada união que tornou possível a obra libertadora.

Em contrapartida, outros objetam que nada se pode dizer nem fazer em honra de Joana enquanto os ingleses estiverem no solo da França. Para falarem assim, é preciso que conheçam bem pouco os sentimentos de nossos aliados para com a heroína. Desde Shakespeare, eles lhe dedicam uma admiração sempre crescente.[1] Todos os anos, nas festas de Rouen, figura uma delegação inglesa e agora que eles estabeleceram uma de suas bases de operação nessa cidade, não deixam de manter na Praça do Velho Mercado, no próprio lugar do suplício, ramos de flores amarrados com uma faixa com as cores britânicas.

Em 16 de maio passado, o reverendo A. Blunt, capelão da Embaixada da Inglaterra, ao colocar uma coroa aos pés da estátua equestre da Praça das Pirâmides, dizia:

> Vimos, como membros da colônia britânica de Paris, colocar algumas flores aos pés da estátua de Joana d'Arc, a corajosa guerreira da França. Reconhecemos que seu espírito de patriotismo, bravura e de sublime abnegação anima, hoje, o exército francês e estamos convencidos de que esse espírito o levará à vitória.[2]

Há alguns dias, o importante jornal de Londres, o *Times*, consagrava à memória da Virgem Lorena um notável artigo que resume todo o pensamento inglês sobre esse nobre assunto.

> Não há em toda a Idade Média, história mais singela e mais esplêndida, não há tragédia mais dolorosa do que a da pobre pastorinha que, pela fé ardente, ergueu a pátria das profundezas da humilhação e do desespero, para sofrer a mais cruel e a mais infamante das mortes pela mão de seus inimigos.
> A elevação e a beleza moral do caráter de Joana conquistaram o coração de todos os homens; e os ingleses se lembram com vergonha do crime de que ela foi vítima.
> Não é, porém, nem pelo amor à pátria, nem pela cora-

---

[1] Vide nossa obra, *Jeanne d'Arc médium*, último capítulo.
[2] Vide o *Journal* de 17 de maio de 1915.

gem na luta, nem pelas visões místicas, que o mundo inteiro glorifica Joana d'Arc, é porque, em época sombria e cruel, ela provou, por palavras e obras, que o espírito da mulher cristã vivia ainda entre os mais humildes e os oprimidos e dava profusamente incomparáveis frutos. Algum dia houve natureza mais íntegra, mais terna, mais pura, mais profundamente piedosa?
Antes mesmo que tivesse obtido acesso ao rei e que lhe tivesse erguido seu estandarte, o povo, por toda a parte, nela acreditava. A força da sua vontade, a elevação dos seus pensamentos, a intensidade do seu entusiasmo venceram todas as oposições.
Com os prisioneiros, ela é gentil e complacente. Até para com os ingleses sua alma se mostra muito piedosa. Convida-os a se juntarem a ela para uma grande cruzada contra o inimigo da cristandade.
E quando, com o auxílio de alguns traidores, que se encontravam entre seus compatriotas, fizeram-na cair em uma cilada e condenaram-na à morte horrível, suas últimas palavras foram de perdão para seus carrascos.

Um patriota francês não se exprimiria melhor. Certamente, não, Joana não tinha ódio aos ingleses; queria simplesmente expulsá-los do território. Como o diz o *Times*, ela sonhava mesmo em associá-los aos franceses em um grande empreendimento, cuja direção ela tomaria. Escrevia-lhes: "Se derdes razão ao rei de França, poderíeis ainda vir em sua companhia, onde quer que os franceses praticarem o mais belo feito que jamais foi praticado pela cristandade".

Sua clara visão, atravessando os séculos, estar-se-ia referindo aos acontecimentos presentes, a essa gigantesca luta da civilização contra a barbárie, na qual tencionava intervir?
Pela violência, pelo terror, a Alemanha quis impor ao mundo a sua horrível *cultura*, essas teorias implacáveis do super-homem, de que Nietzsche se constituiu o profeta e que suprimem o que há de mais nobre, de mais poético, de mais belo na alma humana, ou seja, as qualidades cavalheirescas e com elas a compaixão, a piedade, a bondade. O Deus do Evangelho, que Jesus nos ensinou a amar, os alemães quiseram substituí-lo por

não se sabe qual divindade, sombria e feroz, que se assemelha bem menos ao Deus dos cristãos do que ao Odin escandinavo em seu *Valhala*[3] maculado de sangue.

A essas concepções de outras eras, onde um misticismo bárbaro alia-se ao mais grosseiro materialismo, devemos opor, sob a égide da Virgem Lorena, um espiritualismo claro e elevado, feito de luz, justiça e amor. Esse espiritualismo revelará ao mundo a lei eterna que estabelece a liberdade, a responsabilidade de todos os seres e que lhes impõe a necessidade de reparar, através de existências sucessivas e dolorosas, todo o mal por eles praticado. Depois da expiação ela assegura o ressurgimento e a repartição entre todos das alegrias e dos bens celestes, na justa proporção dos méritos adquiridos e dos progressos realizados.

Esta é a doutrina que Joana preconiza; pois não se ocupa somente da libertação da pátria. Há muitos anos ela coopera também na sua renovação moral. Todos aqueles que frequentam os centros em que ela se manifesta sabem com que solicitude vela por esta crença, apoia seus defensores e trabalha pela sua difusão no mundo.

Esta virgem inspirada pelo céu cumpriu outrora uma missão que, com o passar dos séculos, devia servir de exemplo para todos. Vemos hoje que o papel da mulher poderia ser o de fortalecer a coragem do homem e excitar-lhe a dedicação ao país. No seio da família, sua tarefa é mais modesta, é verdade: mas a educação que dá ao filho deve despertar sua energia e valentia, aumentarem-lhe o amor pela pátria e todas as virtudes que dele decorrem. Deste modo veremos desenvolverem-se as forças da nação; a fusão dos partidos tornar-se-á mais fácil, bem como a união de todos em um nobre ideal comum.

* * *

Desunidos na paz, os franceses, se reconciliaram diante do perigo. Céticos ontem, hoje fazem apelos às forças divinas e humanas suscetíveis de regenerar a raça, aos bafejos do alto que vivificam as almas e despertam as qualidades viris adormecidas.

Acreditamos que persistirá esse estado de espírito. Neste mo-

---
3 "Salão dos Mortos".

mento há, em nosso front, cerca de três milhões de homens que suportam as mesmas fadigas e enfrentam os mesmos perigos. É impossível que as provações sofridas não constituam um poderoso elo e que, unidos em um mesmo pensamento e em um mesmo coração não trabalhem em comum para o ressurgimento da pátria. Joana os auxiliará. Por seu intermédio, podemos afirmar, far-se-á a união de todos os partidos, pois ela não é propriedade de nenhum deles; pertence a todos, pois todos acharão em sua vida uma razão para venerá-la. Os monarquistas glorificarão a heroína fiel que se sacrifica pelo rei; os crentes, a enviada providencial que apareceu na hora dos desastres. Os filhos do povo amarão a camponesa que se arma para a salvação da pátria. Os soldados se lembrarão de que, como eles, ela sofreu e por duas vezes foi ferida: os infelizes, que suportou todas as amarguras, todas as provações e bebeu o cálice das dores até a lia. Todos nela verão uma manifestação da força superior, da força eterna encarnada em um ser humano para realizar obras capazes de levantar as inteligências e reconciliar todos os corações.

Capítulo 5

A justiça divina e a guerra atual

14 de julho de 1915

Faz um ano que as provações de uma guerra sem precedentes se abatem sobre a França. Um véu de tristeza e de luto estende-se sobre o nosso país e muitos irmãos nossos choram por entes amados.

Em presença de tantos males, é necessário voltar nossos pensamentos para os princípios eternos que regem as almas e as coisas. Somente no espiritismo acharemos a solução dos múltiplos problemas que o drama atual ressalta: é nele que buscaremos as consolações capazes de acalmar nossa dor.

Perturbados pelos acontecimentos que se apresentam, vários amigos me perguntam: "Por que Deus permite tantos crimes, tantas calamidades?".

Antes de tudo, Deus respeita a liberdade humana, pois ela é o instrumento de todo progresso e a condição essencial de nossa responsabilidade moral. Sem liberdade, sem livre arbítrio, não existiria nem bem nem mal e, consequentemente, não haveria progresso possível. É o princípio de liberdade que constitui ao mesmo tempo a prova e a grandeza do homem, pois lhe confere o poder de escolher e de agir; é a fonte dos esplendores morais para quem está resolvido a elevar-se. Não estamos vendo, na presente guerra, uns descerem abaixo do bruto e outros, pela dedicação e pelo sacrifício, atingirem o sublime?

Reconhecemos que, para os espíritos inferiores como aqueles que majoritariamente povoam a Terra, o mal é a resultante inevitável da liberdade. Mas, do mal praticado Deus, em sua sabedoria profunda e sua ciência infinita, sabe tirar um bem para a humanidade. Colocado acima do tempo, ele tem, para tanto, a sucessão dos séculos, ao passo que, em nossa existência efêmera, temos dificuldade em compreender o encadeamento das causas e dos seus efeitos. Contudo, cedo ou tarde soará indubitavelmente a hora da justiça eterna.

Ocorre, por vezes, que os homens, esquecendo-se das leis divinas e do objetivo da vida, resvalam no declive do sensualismo e se afundam na matéria. Então, tudo o que fazia a beleza da alma se vela, desaparece, para dar lugar ao egoísmo, à corrupção, a todas as formas de desregramentos. É o que acontecia há muito tempo entre nós. A maior parte dos nossos contemporâneos já não tinha outro ideal senão a fortuna e os prazeres. O alcoolismo e a devassidão haviam secado as fontes da vida. Para tantos excessos só restava um remédio: o sofrimento! As paixões más, como sabemos, desprendem fluidos que se acumulam pouco a pouco e acabam por transformarem em tormentas e tempestades. Daí a atual guerra.

Entretanto, avisos não faltaram; mas os homens permaneceram surdos às vozes do céu. Deus deixou que ela deflagrasse, porque sabe que a dor é o único meio eficaz para fazer o homem voltar a visões mais saudáveis, a sentimentos mais generosos. No entanto, ele soube frear o furor do inimigo. Apesar de seu talento de organização e de um meticuloso preparo, a Alemanha foi detida na execução de seus planos. Sua crueldade feroz, sua ambição desmedida levantaram contra ela as forças celestes. Depois do lento trabalho de desagregação do antimilitarismo, a vitória do Marne e o entusiasmo das nossas tropas só podem ser explicados pela intervenção das forças invisíveis. Ora, essas forças estão sempre em ação, e é porque, apesar dos sombrios prognósticos da hora atual, conservamos nossa plena confiança no futuro.

* * *

Do ponto de vista material, Deus podia impedir a guerra;

do ponto de vista moral, não o podia, já que uma de suas leis supremas exige que todos, indivíduos e coletividades, suportem as consequências de seus atos.

As nações comprometidas na atual luta são culpadas, em graus diversos. A Alemanha, pelo seu insensato orgulho, seu culto da força bruta, seu desprezo ao direito, suas mentiras e crimes, levantou contra si as forças vingadoras. O orgulho desmedido sempre produz a queda e a ruína. Foi a sina de Napoleão; será a de Guilherme II. As responsabilidades deste último são terríveis, pois o seu gesto não somente provocou hecatombes sem precedentes na História; ele poderia também fazer a Europa perder o cetro da civilização. Por muito tempo, conseguiu iludir a opinião pública: ele não enganará a justiça eterna.

Quanto à França, como dissemos, sua leviandade, sua imprevidência, seu amor desenfreado pelos gozos deviam atrair-lhe fatalmente duras provações. Notemos: foi no dia seguinte ao de um processo em que a podridão nacional se patenteava em plena luz, que a guerra estourou. O que entre nós havia de pior não eram os nossos defeitos, era antes esse estado de consciência que não mais distingue o bem do mal: é a pior das condições morais. Os laços da família se tinham afrouxado de tal modo que se considerava o filho como uma carga. Por isso, o despovoamento, resultado de nossos vícios, nos colocou enfraquecidos, diminuídos, em face de um adversário temível. Mas a alma francesa conservava imensos recursos. Desse banho de sangue e lágrimas ela pode sair retemperada, regenerada.

Perante a justiça divina, não são somente estas duas nações que se acham carregadas de pesadas dividas; entre os males que assinalamos, há uns que se estendem a toda a Europa. Por toda parte encontramos homens semelhantes aos que encontramos ao nosso redor, cuja consciência morreu e que fizeram do bem-estar o fim exclusivo de sua existência, como certos políticos e homens de Estado que tiveram a pretensão de presidir os destinos de nosso país.

A fim de reagir contra essas enfermidades da consciência e esse baixo materialismo, Deus permitiu que as calamidades assumissem um caráter geral. Se tivessem sido apenas parciais, uns teriam assistido com indiferença aos sofrimentos dos outros. Para arrancar as almas à letargia moral, ao seu profundo atolamento na matéria, era necessário esse raio que abala a sociedade até os alicerces. Ser-nos-á suficiente a terrível lição que nos é dada? Se ela devesse permanecer vã, se as causas morais da decadência e das ruínas devessem persistir em nós, seus efeitos continuariam a se produzir e a guerra reapareceria com seu cortejo de males. É preciso, pois, que, passada a tormenta, a vida nacional recomece em bases morais e que a alma humana aprenda a se desapegar dos bens materiais, a compreender a sua falta valor. Sem isso, todos os sofrimentos terão sido estéreis e a nossa bela juventude, ceifada sem proveito para a França.

* * *

Poderíamos nós, algum dia, abolir, apagar os ódios que separam os povos? Os socialistas bem que tentaram, mas a sua propaganda internacionalista só conseguiu uma derrota estrondosa. Os nobres e inúteis protestos dos pacifistas, seus apelos à arbitragem não nos parecem mais, no presente conflito, do que pueris ilusões. Sob o sopro de um vento de tempestade, as nações se investem umas contra as outras sem pensar em recorrer ao tribunal de Haia.

As religiões se mostram não menos impotentes: dois monarcas cristãos ou tidos como tal, ou pelo menos místicos e devotos, desencadearam todas as calamidades presentes. O próprio papa não soube encontrar a expressão forte que convinha para difamar as atrocidades germânicas.

Para remediar os nossos males, seria preciso uma renovação completa da educação, um despertar da consciência profunda; seria necessário ensinar a todos, desde a infância, as grandes leis do destino, com os deveres e as responsabilidades a elas ligados; seria necessário que todos, bem cedo, ficassem conscientes de que todos os nossos atos recaem fatalmente sobre nós com suas consequências boas ou más, felizes ou funestas, assim como a pedra lançada ao ar volta a cair no solo. Em uma palavra, cumpre dar às almas um alimento mais substancial e mais vivificante do que aquele com que as alimentaram durante muitos séculos e que atinge a falência intelectual e moral da qual somos testemunhas entristecidas. Contudo, enquanto o ensino escolar e religioso deixarem o homem na ignorância do verdadeiro fim da existência e da grande lei da evolução que rege a vida através de suas fases sucessivas e renascentes, a sociedade ficará entregue às más paixões, à devassidão, e a humanidade será dilacerada por violentas convulsões.

Seria ocasião de ensinar ao homem a conhecer-se e a governar as forças que nele existem. Se ele soubesse que todos os seus pensamentos, todos os seus movimentos hostis, egoístas ou invejosos, contribuem para aumentar os poderes malignos que pairam sobre nós, alimentam as guerras e precipitam as catástrofes, teria mais cuidado com sua conduta e muitos males seriam atenuados.

Só o Espiritismo poderia ministrar esse ensinamento; infelizmente, sua falta de organização lhe tira a maior parte dos recursos. Resta a iniciativa individual. Ela muito pode, no seu campo restrito de ação. Todos os espíritas têm o dever de difundir em torno de si a luz das verdades eternas e o bálsamo das consolações celestes, tão necessários nesses momentos de provações que atravessamos.

Em meio à tormenta, a voz dos poderes invisíveis se ergue para dirigir um apelo supremo à França, à humanidade. Se esse apelo não for ouvido, se não provocar o despertar das consciências, se a nossa sociedade persistir nos vícios, no ceticismo, na corrupção, a era dolorosa se prolongará ou se renovará.

Mas o espetáculo das virtudes heroicas decorrentes da guerra nos conforta, enche-nos de esperança, de confiança no futuro de nosso país. Agrada-nos aí ver o ponto de partida de um renascimento intelectual e moral, a origem de uma corrente de ideias bastante poderosa para varrer os miasmas políticos e instaurar o regime que as circunstâncias exigem. Então, do caos dos acontecimentos, surgirá uma França nova, mais digna e capaz de realizar grandes obras.

Oh! alma viva da França, liberta-te das pesadas influências materiais, que detêm o teu progresso e sufocam as aspirações de teu gênio! Neste dia, 14 de julho, escuta a sinfonia que se ergue de todos os pontos do território nacional: vozes dos sinos que se escapam em ondas sonoras de todos os campanários, vozes das antigas cidades e dos burgos tranquilos, vozes da Terra e do Espaço que te chamam e te convidam a retomar tua marcha, tua ascensão na luz!

* * *

Soldados que, no front, opondes ao inimigo o baluarte de vossos peitos e de vossos valentes corações, vós sois a carne de nossa carne, o sangue de nosso sangue, a força e a esperança de nossa raça. As irradiações de nossos pensamentos e de nossas vontades dirigem-se a vós, para vos apoiar na luta ardente que prosseguis.

Ouvi, também, a harmonia que, neste dia, sobe das planícies, dos vales e dos bosques, das cidades populosas e dos campos afastados, mesclada aos toques estridentes do clarim e aos acordes vibrantes da *Marselhesa*! É a voz da pátria. Ela vos diz.

> Velai e lutai. Combateis pelo que há de mais sagrado neste mundo, por esse principio de liberdade que Deus colocou no homem e que Ele próprio respeita, a liberdade de pensar e de agir sem ter que prestar contas ao estrangeiro.
> Combateis para conservar o patrimônio que nos legaram os séculos, pela casa em que nascestes, pelo cemitério em que jazem vossos antepassados, pelos campos que vos alimentaram, por todos os tesouros de arte e de belezas acumulados pelo trabalho lento das gerações em nossas bibliotecas, museus e catedrais. Combateis para conservar a nossa língua, esse falar tão doce que o mundo inteiro considera como a mais nítida e mais clara expressão do pensamento humano. Defendeis o lar familiar, onde gostais de repousar vosso espírito e vosso coração; os berços de vossos filhos e os túmulos de vossos pais!
> Soldados, vós vos engrandecestes do ponto de vista terreno. Pela vossa firmeza na provação, pelo vosso heroísmo nos combates, levantastes aos olhos do mundo o prestigio da França, tornastes mais brilhante a auréola de glória que lhe orna a fronte. Agora, é preciso engrandecer-vos do ponto de vista celeste; cumpre erguer os

pensamentos para Deus, fonte de toda força e de toda a vida!

Não basta, para vencer, armas aperfeiçoadas e um poderoso equipamento material. São necessários, também, o ideal e a disciplina; é preciso, nas almas, a confiança em um futuro infinito, a fé esclarecida, a certeza de que uma justiça infalível preside ao destino de cada um de nós.

Tomai cuidado com os apagadores de estrelas, com os que vos dizem que a morte é o fim de tudo, que o ser perece completamente, que os esforços, as lutas, os sofrimentos da humanidade só têm por sanção o nada.

Aprendei a orar antes da batalha, a implorar os socorros do alto. Abrindo-lhes vossas almas, vós os tornareis mais intensos, mais poderosos.

Desconfiai dos que vos dizem: não há fronteiras, a pátria não passa de uma palavra, todos os povos são irmãos. A essas teorias, Reims, Soissons, Arras e tantas outras cidades podem responder eloquentemente.

Não foi com isso que nossos pais construíram a França através dos séculos, que a tornaram grande, forte e respeitada.

Cada povo tem seu caráter particular e para manifestá-lo a independência lhe é necessária. É dessa diversidade, até desses contrastes que se origina a emulação, que se originam o progresso e a harmonia.

Soldados, ouvi a sinfonia que se eleva das planícies, dos vales e dos bosques, mesclada aos rumores das cidades, aos cânticos patrióticos e às fanfarras guerreiras. Das florestas da Argonne às gargantas dos Pirineus, das margens floridas da Côte d'Azur aos pomares da Touraine e às falésias da Normandia, dos promontórios bretões batidos pelas ondas aos Alpes majestosos, a grande voz da França entoa seu hino eterno!

Mais alto ainda se eleva a sua prece, a prece dos vivos e dos mortos, a prece de um povo que não quer perecer e que, na aflição, se volta para Deus, pede socorro, a fim de salvar sua independência e conservar intactas sua glória e sua grandeza!

Capítulo 6

O despertar do gênio céltico

31 de março de 1916[1]

Assim como um lago agitado pela tempestade vê subir à superfície as coisas confusas submersas na profundeza de suas águas, também o imenso drama que subverte o mundo faz surgir, com as energias latentes, todas as paixões violentas, as cobiças e os furores que estavam adormecidos no fundo da alma humana. Nesta hora atroz é agradável repousar o pensamento nas grandes figuras que guiaram, esclareceram e consolaram a humanidade. Entre elas encontra-se Allan Kardec.

Há cerca de vinte anos, eu percorria as praias da Bretanha, essa terra de granito sacudida pelas tempestades, varrida pelos ásperos ventos do largo. Ali se erguem os colossos de pedra, os imponentes monumentos megalíticos, erigidos pelas mãos de nossos pais, os celtas, à beira do Oceano.

É verdade que Camille Jullien[2] e outros pesquisadores lhes atribuem origem ainda mais antiga. Mas, sejam quais forem seus autores, não deixam de representar um grande pensamento religioso, e os druidas souberam utilizá-los para as necessidades de seu culto austero.

Falarei aqui dos célebres alinhamentos de Carnac, que contavam ainda, na Idade Média, doze mil pedras do Menir de Lo-

---
[1] Lido no cemitério Père-Lachaise, no dia 31 de março de 1916, dia do aniversário da morte de Allan Kardec.
[2] Historiador, filólogo e arqueólogo francês, autor de obra *História da Gália*, em oito volumes.

cmariaquer, hoje partido em três grandes blocos3 e que tinha vinte e cinco metros de altura?

Falarei dos dólmens e das grutas funerárias que cobrem toda a região? Quantos viajantes passaram perto desses blocos misteriosos sem compreenderem seu sentido! Quanto a mim, sempre me esforcei em sondar essa gigantesca Bíblia de pedra e ela me revelou as crenças de nossos pais, tão incompreendidos, tão caluniados pelo catolicismo idólatra: Deus é grande demais, pensavam eles, para ser representado por imagens. Só a natureza virgem e livre pode dar uma ideia de Seu poder e de Sua grandeza. Toda pedra talhada é pedra maculada. É somente sob as abóbadas sombrias das florestas seculares, ou do alto das falésias de onde olhar abrange os imensos horizontes do mar, que se pode entrever o Ser infinito e eterno! Vós o sabeis, eles acreditaram também na pluralidade dos mundos, na ascensão das almas no caminho das vidas sucessivas e praticavam a comunhão augusta dos vivos e dos mortos.

Foi dessas profundas fontes que Allan Kardec extraiu seu gênio; foi em meios idênticos que ele viveu outrora. Talvez não na Bretanha, mas antes na Escócia, segundo a indicação de seus guias. A Escócia é habitada pela mesma raça; os monumentos megalíticos lá são numerosos e, ainda hoje, entre as brumas melancólicas do norte, a tradição céltica paira sobre os lagos e os montes.

Lá, as faculdades psíquicas e principalmente a vidência são hereditárias em muitas famílias. Kardec ali aprendeu a filosofia dos druidas; preparava-se no estudo e na meditação para as grandes tarefas futuras.

Tudo, nele, em a sua ultima existência – caráter grave, amor ardente pela natureza, até o nome Allan Kardec, por ele escolhido, até este dólmen erigido no seu túmulo em cumprimento à sua vontade –, tudo, digo eu, lembra o homem do visgo do carvalho, que voltou a esta Gália para despertar a fé extinta e fazer reviver nas almas o sentimento da imortalidade, a crença nas existências renascentes e a profunda solidariedade que liga os mundos visíveis aos mundos invisíveis.

É sob esse aspecto, muito pouco conhecido, que eu gosto

---

3 Na realidade, está partido em quatro grandes blocos.

de te considerar, Kardec, meu Mestre! É em nome dessas lembranças comuns que venho dizer-te: inspira-nos na realização da obra iniciada, guia-nos no caminho que teus primeiros esforços abriram!

* * *

Assistimos, no momento atual, a um dos maiores dramas da História, a uma nova invasão dos bárbaros, mais temível que as antigas e que ameaça arruinar a obra dos séculos, submergir a civilização.

Mas as qualidades heroicas de nossa raça despertaram: a bravura, o espírito de sacrifício, o desprezo à morte. Diante do perigo, os filhos da Gália, da Grã-Bretanha, da Escócia e da Irlanda, todos os celtas, em suma, encontraram-se reunidos para deter a investida feroz dos teutões. Com eles, combate o exército invisível dos antepassados: sustentando-lhes a coragem, incutindo-lhes o ardor e a perseverança no esforço. Este auxílio do alto é o penhor de uma vitória próxima.

Depois da luta, deveremos procurar os meios de levantar moralmente a pátria, dela afastar o abismo de males em que quase de caiu. Antes da guerra, o que fazia aos olhos do mundo a nossa fraqueza e o nosso descrédito era o fato de sermos considerados um povo sem ideal, sem religião. É verdade que a nobre e pura doutrina do Cristo, alterada, desnaturada, mesclada, com o passar dos tempos, de elementos parasitas e estranhos, não mais nos oferecia uma concepção da vida e do destino em harmonia com o conhecimento adquirido do Universo e de suas leis. Insensivelmente a França deslizara para a indiferença, o ceticismo, a sensualidade. Mas, eis que um abalo terrível nos detém nesse declive fatal. Nesta hora de provações, todos nós compreendemos a necessidade de uma fé sólida, baseada na experiência, na razão e nos fatos, de uma fé que proporcione à alma a certeza de um futuro sem fim, o sentimento de uma justiça superior com a noção precisa de seus deveres e de suas responsabilidades.

Talvez me perguntem de onde virá essa nova fé. Tal como as qualidades viris de nossa raça preservarão a pátria da ruína e da destruição, também a volta às tradições étnicas lhe devolverá a força moral, preparará sua salvação e sua regeneração. É então que a obra de Allan Kardec se mostrará no seu papel providencial, em sua incontestável oportunidade. Porque o espiritismo não é nada além do que o retorno às crenças célticas, enriquecidas pelo trabalho dos séculos, pelos progressos da ciência e pelas conquistas do espírito humano.

Não há restauração possível sem uma educação nacional que ensine às gerações o sentido real da vida, de sua missão e de sua finalidade, sem ensinamento que esclareça as inteligências, firme os caráteres e fortaleça as consciências, ligando os princípios essenciais, elementares, da ciência, da filosofia e da religião. Estes poderes, até então, antagônicos, fundir-se-ão assim para o bem maior da sociedade. A humanidade ainda espera por esse ensinamento, que dará ao ser os meios de se conhecer, de medir as próprias forças ocultas, de estudar o mundo ignorado que cada um traz em si.

A França, tomando essa iniciativa, que está no seu papel e no seu gênio, tornar-se-ia, realmente, a grande semeadora e daria o sinal da libertação do pensamento.

O túmulo de Allan Kardec seria assim o berço da ideia nova, mais radiante e mais pura, suscetível de guiar o homem através das dificuldades de sua peregrinação terrena.

O melhor meio de honrarmos a memória do nosso ilustre Mestre é imbuirmo-nos de sua obra, comungarmos com o seu pensamento, a fim de nos tornarmos mais unidos, mais firmes, mais resolutos na vontade de trabalhar pelo seu triunfo e sua difusão no mundo. Jamais o espiritismo poderá encontrar momento mais favorável para manifestar a força da verdade, da consolação, da luz que nele reside.

Não há ao nosso redor um sem-número de dores? Quantas pobres criaturas choram seus entes queridos! Quantas outras, feridas, mutiladas, privadas da visão para o resto da existência? E quantas famílias arruinadas, despojadas, expulsas de seus lares por um inimigo cruel!

Todos precisam de nossas crenças para que aceitem as suas provações. A certeza da reunião futura tornará menos doloroso para alguns o tempo da separação. O conhecimento da lei dos destinos fará compreender aos outros que os nossos sofrimentos são meios de purificação, de ascensão e de progresso. A todos a nossa doutrina dará esperança, coragem, confiança! Lancemos, pois, a mancheias a semente fecunda, sem nos inquietarmos com as criticas e as zombarias. Aquele que hoje ri dos nossos princípios, terá amanhã a satisfação de ir buscar neles a força para suportar os seus males.

Ó Allan Kardec! Espírito do grande iniciador, nesta hora em que sobre a nossa pátria desabam as provações, em que a angústia confrange tantos corações, ajuda-nos, ajuda os teus discípulos, dá-lhes a fé ardente que faz superar todos os obstáculos, comunica-lhes a força de persuasão, o calor do sentimento que derrete os gelos do ceticismo e dá a todos a confiança no futuro.

Graças a ti; Kardec, graças à tua obra, após vinte séculos de silêncio e de esquecimento, a fé das antigas eras ressurge na terra das Gálias e um raio de luz vem dissipar as sombras do materialismo e da superstição. Kardec, druida reencarnado, tu nos revelaste este grande pensamento sob uma nova forma, adaptada às exigências da nossa época.

Nós, filhos dos celtas, herdeiros das crenças de nossos pais, nós te saudamos como representante do passado glorioso de nossa raça, vindo a este mundo para restabelecer a verdade e guiar o homem nas suas etapas para a vida infinita.

E vós, irmãos, que, antes de nós, deixastes a Terra, legião inumerável de heróis que morreram combatendo em defesa da pátria, vinde pairar sobre todos aqueles que lutam, não só pela libertação do solo nacional, como também pelo triunfo da verdade; vinde estimular as energias e reavivar em todos nós o sentimento profundo da imortalidade.

Mais alto ainda, nossos pensamentos e nossas vozes se elevam a Ti, Pai de todos os seres, para dizer-Te: Oh, Deus escuta o grito de apelo, o grito de aflição e de angústia, escuta o lamento doloroso, o lamento dilacerante que sobe da terra de França, desta terra banhada de sangue e lágrimas! Salva a nossa pátria da ruína, da morte, da derrota. Dá aos nossos soldados a energia necessária para repelirem um inimigo cruel e pérfido! Não podes permitir o triunfo de um adversário implacável que, sob a égide de Teu nome augusto e venerado, se cobriu de crimes, de mentiras e de infâmia! Não podes deixar o atentado de Reims sem castigo! Não podes tolerar que estes princípios sagrados, já que emanam de Ti, que foram, em todos os tempos, o sustentáculo moral, a consolação, a esperança, o supremo ideal da humanidade, ou seja, a justiça, a verdade, o direito, a bondade, a fraternidade sejam impunemente violados, pisoteados, reduzidos a nada! Por amor de Teus filhos, de nossos heróis, de nossos mártires, salva a França de Joanna d'Arc, de São Luiz e de Carlos Magno!

Capítulo 7

O dia de finados na trincheira

2 de novembro de 1916.

O céu está sombrio. Uma tristeza imensa envolve a Terra. As almas dos que tombaram combatendo pela pátria flutuam, em um sem-número de legiões, no Espaço.

Nos lares solitários, mulheres de luto, choram os que desapareceram. Os órfãos da guerra, cujos pais repousam debaixo da terra nas planícies do Flandres ou nas florestas de Lorena, caminham lentamente para os cemitérios a fim de enfeitar com flores os túmulos das mães mortas pela tristeza.

Mais além, na trincheira, um jovem soldado vela, atento, e olha ao seu redor. As linhas inimigas ficaram silenciosas e o canhão calou-se; a calma da natureza sucedeu ao alvoroço da luta e às conversas ruidosas dos acantonamentos da retaguarda. Aqui o perigo interrompeu todas as palavras ociosas. A proximidade da morte impõe a todos uma gravidade concentrada e os pensamentos profundos sobem dos corações aos cérebros.

Aquele rapaz é um intelectual, um sensitivo, um espírita. Está há um ano no front. Participou de vários combates, viu os camaradas ceifados pela metralha. A que se prende sua própria existência? Não é ela como um fiapo de palha na tormenta? E, todavia, ele sabe que se estende sobre si uma proteção oculta e sente que uma força desconhecida o protege.

Como todos aqueles cuja vida interior é intensa, ele gosta da solidão. Para ele, ela é a grande escola inspiradora, a origem das revelações; é nela que se realiza a comunhão de sua alma com o Divino.

Seus olhos pousam complacentes sobre a floresta próxima, que o outono revestiu com suas cores de ouro e de púrpura. Chega até ele a canção de um regato, as colinas que bordejam o horizonte esfumam-se à pálida claridade do poente. Desse espetáculo da natureza se desprende uma paz serena, que nada, nem o pensamento do perigo nem o temor da morte, vem perturbar.

Em meio às visões cruentas da guerra, basta uma hora de contemplação para lhe recordar que a beleza soberana da vida, a beleza eterna do mundo dominam de muito alto todas as catástrofes humanas, que as hecatombes, os massacres e as carnificinas são impotentes para destruir a mínima parcela de embrião da alma.

A noite avança sobre a planície. Entre as nuvens, as estrelas projetam sobre a Terra os seus raios hesitantes como tantas promessas de amor, tantos testemunhos da imensa solidariedade que une todos os seres e todos os mundos. Com a paz, a confiança e a esperança baixam em seu coração. Certo, ele saberá sempre cumprir o seu dever. Está lutando para defender a pátria invadida e, por ela, poderá suportar todas as privações, todo o cansaço; mas as violências da guerra não sufocarão seu sentimento maior da ordem e da harmonia universais.

Como para os celtas, seus ancestrais, os cadáveres estendidos lá no chão nada são, para ele, além de "invólucros rasgados" que a Terra se prepara para receber no seu seio maternal. No íntimo de cada um de nós subsiste um princípio imperecível contra o qual os furores do ódio e os assaltos da força bruta nada podem. É daí, desse santuário íntimo, que renascerá, após a tempestade, a aspiração humana para a justiça, a piedade e a bondade.

* * *

E eis que no silêncio da noite, uma voz murmura ao ouvido do jovem soldado, que é médium auditivo, graves e solenes palavras. É o "invisível" que, por sua vez, entra em cena.

Escuta, amigo, cujo pensamento chegou até mim e

me atraiu. Às vezes perguntas a ti mesmo o segredo desta terrível guerra e a tua razão se perturba com o espetáculo dos males que ela faz nascer. Infelizmente, para fazer germinar a colheita sagrada, é preciso rasgar o solo inculto com a relha cortante do arado: é necessário mordê-lo com os dentes da grade; esmagá-lo sob o peso do rolo. Só assim, a colheita divina –, o grão novo – poderá surgir.

Se a guerra se prolonga, é porque, por meio dela, se preparam e organizam grandes coisas ao aguilhão da necessidade.

Uma guerra excessivamente rápida teria apenas aflorado a humanidade; a sua duração, sua crueza, as consequências que dela decorrem do ponto de vista social, político, religioso, econômico, criarão, em toda a parte, novas engrenagens. Uma transformação radical da sociedade dela decorrerá, não somente do ponto de vista da vida material, mas também do ponto de vista do ideal espiritualista.

Quantos corações dilacerados, quantas almas angustiadas virão a nós em busca de consolação e conforto! Quantas inteligências, dadas às concepções frívolas, virão, conduzidas pelo dedo da dor, procurar as grandes verdades! Também nós estamos impacientes para ver terminada essa carnificina, pois nossos corações estão dilacerados com a visão desses males de que apenas conheceis uma parte, mas nós os contemplamos em toda a sua extensão!

Sofremos, como vós, com tantas angústias e misérias, sofremos talvez mais, porque as vemos melhor, mas temos sobre vós a vantagem de compreender mais nitidamente os objetivos divinos dessas lutas mortíferas. Sabemos que a humanidade só pode ser salva de uma queda irremediável por meio dessa crise e já vemos se delinearem as premissas de um brilhante renascimento.

Tende, pois, confiança em nossa França imortal e não choreis os seus mortos. Esta luta é dos espíritos celestes contra as potências do mal, dos espíritos da luz contra as legiões tenebrosas vindas do abismo.

Não; Guillaume, o grande mago negro que evoca Odin não triunfará da França que, apesar de seus erros e faltas, sempre voltou os olhos para o ideal e para a luz!

Os vossos mortos estão vivos: ainda combatem pela pátria, pela humanidade. Eles vêm às trincheiras animar seus camaradas, inclinam-se sobre os feridos abandonados nos campos de batalha para insensibilizar seus sofrimentos e amenizar-lhes os horrores da agonia; vão consolar pela ação de seus fluidos reconfortantes os que eles deixaram neste mundo.

A França quase sucumbiu no Marne e em Verdun; foi salva quando o monstro se achava em plena posse de todos os seus poderes e de toda a sua força; agora, ele começa a esgotar-se e se esgota; é em vão que distende todos os músculos, pois pouco a pouco eles se afrouxam, e, aproxima-se o dia em que o monstro formidável cairá, para não mais se levantar, na areia tinta do seu sangue.

Não podemos nem devemos fixar datas. Se Deus pode dizer ao espírito imundo: "Não irás mais longe", deve, todavia deixar ao livre arbítrio das nações e dos indivíduos a possibilidade de se exprimirem. Quantas nações serão julgadas e sofrerão o peso de sua defecção, enquanto a justiça violada deveria ter sido defendida!

Quantos indivíduos pagarão caro as suas traições e covardias, que retardaram a vitória do bem e aumentaram o número das vítimas! Que tremam todos! A mão divina pesará sobre eles. Mas que essas fraquezas não vos façam desesperar. A França triunfará. A vitória dos Aliados, vitória gloriosa entre todas, bela por tanto heroísmo, por tantos sacrifícios, inaugurará no mundo nova era de Justiça, de Amor e de Beleza![1]

---

[1] Comunicação obtida por M. H.

Capítulo 8

Ação dos espíritos sobre os presentes acontecimentos

Janeiro de 1917

Por dois longos anos, a guerra desenvolveu o seu drama terrível. A França sofreu cruelmente. O peso dos seus erros: leviandade, imprevidência, ceticismo, amor desenfreado pelo prazer recaiu sobre ela pesadamente.

No entanto, a França não podia perecer. Durante as hostilidades, um espírito eminente nos declarava: "Os teutões orgulhosos, traidores e criminosos não dominarão o mundo".

Ao lado de seus erros, a França mostrou muitas vezes qualidades generosas. Na luta suprema, jamais se rebaixou aos processos odiosos utilizados pelos alemães, com desprezo de todas as leis divinas e humanas. A atitude da França no decurso desta guerra terrível foi, para a Europa e para o mundo, objeto de surpresa e admiração. Antes desses acontecimentos, ninguém podia prever tal despertar das virtudes heroicas de nossa raça; ao contrário, tudo parecia indicar um enfraquecimento do caráter nacional. O caso Dreyfus deixara traços persistentes e profundos. O pacifismo, o antimilitarismo, as teorias internacionalistas haviam trabalhado os espíritos: Não mais se acreditava na guerra e procurava-se reduzir ao máximo os encargos e os créditos militares. A Lei dos três anos[1] fora objeto de longas e penosas discussões e apenas votada, já se pensava em atenuar seus efeitos.

---

[1] Lei que aumentava a duração do serviço militar de dois para três anos, com o intuito de preparar o exército para uma eventual guerra contra a Alemanha.

Alguns suboficiais me declaravam que, em vez de combater, deporiam o sabre e o revólver. Os oficiais de um regimento do Midi[2] se queixavam, em minha presença, da falta de patriotismo dos seus homens. Em vão tentavam, por meio de conferências sobre a bandeira e os grandes exemplos da História, despertar a fibra adormecida; como único resultado, conseguiam apenas uma irônica indiferença. Em uma canção muito conhecida, chegou-se a ponto de dizer que as balas de nossos soldados seriam para os seus generais! A Confederação do trabalho e os sindicatos de estradas de ferro ameaçavam responder com uma greve às ordens de mobilização.

A guerra deflagra e, de súbito, produz-se uma reviravolta completa nos ânimos. A mobilização foi realizada com presteza, gravidade e precisão. Todos partem com o sentimento dos grandes deveres que irão cumprir, com a resolução de irem até o sacrifício, até a morte; deixam, sem hesitação, o lar, a mulher, os filhos que talvez nunca mais revejam.

Durante dois longos anos, com uma força de vontade que nada será capaz de enfraquecer, o soldado francês sustentará o choque do mais formidável exército que jamais o mundo viu. Consciente do seu esforço e certo dos seus meios, ele sabe que está servindo a mais nobre das causas: a da pátria e da liberdade.

A França revelou-se ao mundo no seu verdadeiro caráter. Julgavam-na enfraquecida, diminuída, decadente. Alguns até diziam que o seu papel histórico estava acabado. Ora, no decorrer desta gigantesca luta, ela não teve uma hora de desmaio, de desânimo. As mais cruéis provações e as dificuldades acumuladas encontraram-na mais estoica, mais obstinada em prosseguir a imensa tarefa até o triunfo do direito e da justiça.

No meio dos combates diurnos e noturnos, pelos quais ele frustrava os minuciosos cálculos e as infames combinações da tática alemã, o soldado francês era tomado por uma espécie de frenesi místico. Debaixo da crepitação das metralhadoras, sob a tempestade de ferro e de fogo, nos jatos de chama e nas ondas de gases asfixiantes, mostrou-se sempre intrépido, ardente, pronto para todos os feitos, para todos os esforços sublimes!

Neste grande drama, o mais terrível que a humanidade já

---

2 Região do Sul da França.

viu, a França representa a força moral de nossa coalizão. Foi a vitória do Marne que deteve a avalanche alemã, manteve-a por muito tempo imobilizada e, por esse meio, deu aos aliados o tempo indispensável para preencher as lacunas de sua organização, remediar a sua imprevidência e, em um esforço comum, reagir contra a mais temível de todas as estratégias militares.

Foi a França quem, em face do mundo aterrorizado pela brutalidade germânica, tomou e defendeu, com os seus aliados, contra um adversário pérfido, criminoso e desleal, a causa imprescritível da justiça, da verdade, da liberdade dos povos, o direito que tem todo homem de viver e morrer livre. Pode-se dizer que salvou a Europa do mais esmagador dos despotismos. Assim, ela impôs-se à estima e ao respeito da História, dando, uma vez mais, o seu sangue e o seu ouro pelo progresso e pela salvação da humanidade.

Tal reviravolta e tal transformação tão radical podem ser explicadas apenas pelo despertar das qualidades fortes da nossa raça, pelas recordações evocadas e pelos exemplos heroicos deixados como herança pelas gerações passadas? Certo, há de tudo isso, porém há mais ainda. Estamo-nos referindo ao imenso socorro das legiões invisíveis.

Desde o começo da guerra, graças às instruções dos nossos guias, pudemos acompanhar, em todas as suas fases, a ação das forças ocultas que combatem conosco pela salvação da França e pelos direitos da justiça eterna.

Acima das nossas linhas, nas horas de batalha, flutua o inumerável exército dos mortos, todas as almas dos heróis célebres ou obscuros que tombaram pela pátria. Em um voo de glória, tal como as grandes aves, eles planam sobre os nossos defensores alentando-os na ardente luta, derramando sobre eles com energia todas as forças psíquicas, todos os fluidos adquiridos através dos séculos. Também o exército invisível tem chefes ilustres. À sua frente, os nossos médiuns videntes reconhecem Vercingetórix, Joana d'Arc, Henrique IV, Napoleão, os grandes generais da Revolução e do Império. Essa visão impressiona-os profundamente. Cada um dos nossos chefes de exército duplica-se com um espírito poderoso que o inspira e guia suas ações.

Às vezes, todos esses grandes espíritos reúnem-se e deliberam. As suas resoluções são transmitidas por intermédio da intuição aos generais e comandantes, que quase sempre obedecem, acreditando que põem em prática suas ideias pessoais.

Nas horas trágicas, o soldado francês tinha consciência desse socorro; sentia que uma força superior o ajudava, convencendo-o da grandeza de sua missão; ela lhe dizia que a sorte do seu país estava nas suas nas mãos.

Aos seus esforços acrescentam-se os dos companheiros mortos: porque os espíritos dos que, há vinte meses, a metralha alemã ceifou não dormem sob a terra; nós os encontraremos entre a multidão invisível, cuja vaga imensa rebenta incessantemente contra o inimigo.

* * *

Agora que a tormenta se aplaca e luzes de esperança iluminam o horizonte, é chegada a hora de nos recolhermos, meditarmos, para fazermos um exame de consciência. Será que nesse drama terrível que transtorna o mundo, não temos nenhuma parte de responsabilidade? Lutamos com toda a energia necessária contra essa decomposição moral que é a causa primeira de todos os nossos males? Procuramos reagir contra esse culto do ouro, da força e do sucesso que parecia haver se tornado a religião exclusiva da humanidade? Defendemos sempre os princípios superiores da consciência e da vida contra a onda crescente das baixas materialidades?

Entre nós, há bem poucos que, chegados a certa idade, tendo ocupado uma posição social e exercido qualquer influência em torno de si, possam responder afirmativamente a tais questões.

Sendo assim, como nos surpreender se somos atingidos em nossas afeições e em nossos interesses, se nos cabe uma parte da dor comum? Sobretudo para nós, crentes, é preciso que a grande lição seja proveitosa e que o sofrimento nos purifique os corações. O sopro da tempestade que passa sobre o mundo deve reavivar em nós a firme resolução de trabalharmos para o reerguimento moral de nosso país, de despertarmos em todas as almas a noção das grandes verdades, o sentimento da vida eterna e o pensamento de Deus.

Enfim, é preciso que as vontades e as aspirações se unam e que a prece ardente, dirigida ao Pai pelos filhos culpados, se eleve da Terra para o Espaço.

Afundávamos cada vez mais na matéria; perdíamos de vista o sentido profundo e o verdadeiro fim da existência. Acontecimentos trágicos vieram demonstrar-nos que tudo neste mundo é precário e convidar-nos a erguer mais alto nossos olhos. Eles nos dizem que neste mundo não temos mais amanhãs seguros, que os bens, as honras, tudo o que nos seduz e encanta, esvanece-se como uma sombra vã.

Somos criados para a vida infinita e o Universo inteiro é nosso domínio. A Terra não é mais do que uma das inúmeras etapas de nossa longa viagem. Pertencemos a Deus, dele viemos e para ele retornaremos, aperfeiçoando e desenvolvendo nosso ser pela alegria e pelo sofrimento, pelo júbilo e pela dor. O nosso corpo é apenas uma prisão temporária e a morte é uma libertação. A sabedoria consiste, pois, em subordinar sempre a matéria ao espírito, porque a matéria é só uma aparência e o espírito é a única realidade viva e imperecível.

A dor é sagrada, pois é a escola austera das almas, o meio mais seguro de nos purificarmos e de nos elevarmos. A dor é a reparação do passado e a conquista do futuro, a possibilidade que nos é oferecida de nos encontrarmos com os nossos seres amados invisíveis, de participar da sua vida espiritual, de seus trabalhos, de suas missões. Pela dor, os nossos destinos se delineiam, se precisam. Eis por que a hora presente é uma hora solene para a humanidade, cujo avanço ou retrocesso ela precipita. Pela união dos nossos esforços podemos garantir a vitória do bem sobre a mal, da luz sobre as trevas, do altruísmo sobre a paixão egoísta e brutal, a fim de que um progresso seja feito em direção do reino do Espírito Divino.

Após a tormenta virá a era da paz que permitirá estabelecer o balanço moral da presente guerra. Veremos então que os nossos males deram os seus frutos. Os crimes, as perfídias, as traições, com os quais o presente está carregado, provocarão um sentimento universal de reprovação e de horror que tornará seu regresso impossível. Por outro lado, os perigos, as privações e as provações suportadas em comum aproximaram os corações, aboliram as distinções entre partidos e religiões e tornaram definitiva a união sagrada, imposta pela necessidade dos dias ruins. Todos os filhos da França sentir-se-ão irmãos, animados do mesmo espírito, resolutos a preparar o triunfo das forças morais e, por meio delas, o reerguimento da pátria. Já um grande número de rapazes começa a entrever as grandes verdades que somente atingimos quando estamos carregados de sabedoria e de anos. Antes da guerra, eles passavam por materialistas e amantes dos prazeres; mas, sob a pressão das circunstâncias, diante do perigo, em presença da morte e, sobretudo, nas longas expectativas da trincheira, seu pensamento amadureceu. Perspectivas novas abriram-se aos seus olhos, vozes íntimas cantaram-lhes dentro da alma e a vida apareceu-lhes com um aspecto desconhecido. O mundo invisível, que os apoiava na luta sangrenta, inspira-os nas horas de calma e repouso, sugere-lhes um nobre e elevado ideal, coloca em suas almas os germes da semente sagrada.

A esse respeito, recebi do front inúmeras cartas que constituem muitos testemunhos. Elas demonstram uma coisa: é que se forjam vontades cuja têmpera resistirá a todos os choques e que uma elite surge do caos dos acontecimentos. Consciente do seu valor, imbuída da grande lei dos destinos, nenhum revés poderia enfraquecer-lhe a fé. Está pronta para todos os sacrifícios, pois seu ideal eleva-a acima de todas as provações, de todas as decepções e porque sabe que o futuro lhe pertence.

Na escola da adversidade, as gerações presentes terão aprendido a despojar-se de seus erros e de seus vícios. Elas imprimirão à vida nacional nova direções, prepararão os elementos de uma renovação que restituirá à França todo o esplendor do seu gênio e do seu prestígio no mundo.

Assim se constrói a História, pela íntima e profunda colaboração de duas humanidades, a da Terra e a do Espaço. Aquele que observa superficialmente e que só considera o plano terrestre vê os fatos se sucederem sem ordem, sem nexo, em uma aparente incoerência que se explicaria pela liberdade que Deus nos dá de agir de acordo com nossa vontade.

Mas, se contemplarmos as coisas de cima, melhor distinguiremos o fio misterioso que as une. Através da marcha majestosa dos séculos, entreveremos a obra da justiça eterna.

Capítulo 9

O Espiritismo e as Religiões

Fevereiro de 1917

O Espiritismo não é inimigo das religiões. Muito pelo contrário, ele lhes traz poderosos elementos de força e de regeneração. Os conhecimentos que nos proporciona sobre da vida do Além e sobre as condições da existência depois da morte, a certeza de que leis justas e equitativas regem o mundo invisível constituem alguns dos meios de análise e de controle que nos permitem separar nas religiões o que é fictício e ilusório do que é real e imperecível.

Sem dúvida, os fenômenos do espiritualismo moderno se encontram na origem de todas as religiões; mas estas, emprestando-lhes um caráter sobrenatural e milagroso, relegando-os a um passado remoto fizeram-lhes perder toda a influência sobre a vida moral e social. A comunhão com o invisível não era mais do que uma hipótese, uma vaga esperança; com o espiritismo, ela se torna certa e permanente.

Vivemos em uma das maiores épocas de transição da História. Os acontecimentos que se manifestam, as lutas cruentas dos povos, as subversões sociais são o prelúdio, a preparação de uma nova ordem.

Finda a guerra, o pensamento sondará todos os seus aspectos. Procederá a um exame aprofundado de todas as forças em ação no decorrer desses anos trágicos. Perceberemos, então, que são as ideias que conduzem o mundo. O patriotismo, unindo os corações franceses, deteve a invasão e limitou sua devastação. O amor da terra natal despertou o heroísmo e este, apoiado pelos poderosos auxílios do mundo oculto, salvou a França; assim, a ideia da pátria deverá ocupar um lugar considerável no ensino, na educação popular. Entretanto, isso não será suficiente. Para acabarmos com nossas discórdias, nossas rivalidades, nossas lutas de classes e de interesses, é preciso, antes de tudo, realizarmos a união das inteligências e das consciências. Sem a harmonia das almas não pode haver harmonia social.

Mas como preparar tal união? Trabalhando com ardor, com espírito de tolerância e concórdia, para aproximar as intenções, as aspirações, as crenças. Dois poderosos meios se nos apresentam: a ciência e a fé. Hostis na aparência, elas reconciliam-se e completam-se mutuamente, como veremos a seguir; podem fornecer-nos facilmente uma concepção da vida e do destino, uma noção das leis superiores, uma base moral, todas as coisas indispensáveis à nossa sociedade perturbada, e sem as quais a existência seria desprovida de sentido, destituída de fim e de sanção.

* * *

No fundo de toda alma humana existe um refúgio, um ponto secreto onde reside a centelha divina, a parte de infinito que assegura a cada um de nós a indestrutibilidade do seu eu. Ali estão adormecidas as forças ocultas, os recursos psíquicos cujo desenvolvimento fará, mais tarde, do ser mesquinho, débil, ignorante que somos no início de nossa evolução, um gênio apto às maiores tarefas e capaz de desempenhar um papel importante no Universo.

A verdadeira religião consiste em utilizar esses recursos escondidos e valorizá-los. Ela deve-nos ensinar a pôr o ser interior em comunhão com o divino e, daí, a expandi-lo, a libertá-lo das baixas influências, a fazer-lhe adquirir a plenitude do seu esplendor.

Chegada a esse estado espiritual, a alma humana poderá realizar as mais árduas missões, aceitar com alegria as mais duras provações. Saberá conservar nos dias mais sombrios um otimismo e uma confiança inabaláveis.

Podemos encontrar esse estado de espírito em todas as religiões e também fora das religiões. Ao lado das práticas rituais e dos dogmas diversos, em cujos limites habitualmente encerramos a ideia religiosa, esquecemo-nos, com muita frequência, da fé independente que paira acima de todos os cultos e não se enfeuda no credo de nenhuma igreja. Esta religião, totalmente pessoal e livre, conta, talvez, com mais membros do que as confissões reconhecidas, mas seu número escapa a todo cálculo.

As descobertas da ciência forneceram-nos uma concepção do Universo diversamente vasta e grandiosa daquela imperante na Idade Média e na Antiguidade. A experimentação psíquica e o estudo do mundo invisível abriram perspectivas ilimitadas à vida e ao destino do ser. O homem sentiu-se ligado a tudo o que pensa, ama e sofre na imensidão dos espaços. Os moldes das religiões antigas romperam-se com o impulso triunfante do espírito, ávido de conquistar sua legítima parte de verdade e de luz. Já não há quase intelectuais que não tenham criado para si uma crença inspirada pela observação direta da natureza, liberta das rotinas seculares, baseada na ciência e na razão.

Os partidários dos dogmas não querem ver nesse sentimento senão o que eles desdenhosamente denominam religiosidade. Na realidade, ele contém em germe os elementos dessa religião universal, simples e natural, que, um dia unirá todos os povos da Terra e na qual se fundirão as igrejas particulares como os rios no oceano.

Os acontecimentos atuais terão repercussão profunda em todas as formas da atividade social. Assim que a paz voltar ao mundo, impor-se-á uma revisão de todas as causas que concorrem para a evolução humana. As religiões não escaparão a uma análise crítica e rigorosa. Os fatos temíveis que acontecem serão a medida que permitirá calcular sua força ou sua fraqueza moral. Constataremos, não sem certo espanto, que a educação religiosa dos povos que bem alto dizem ser cristãos, como a Alemanha e a Áustria, não teve nenhum poder para impedir os mais abomináveis crimes dos quais a civilização se envergonha. Veremos, com tristeza, que a Igreja romana, nestas cruéis horas, quase sempre colocou os seus interesses políticos acima dos preceitos do Evangelho e dos direitos sagrados da consciência. Não se mostraram melhores os adeptos do islamismo e nunca a falência das religiões foi mais evidente.

Quanto à França, ela foi sacudida, no início da guerra, por um grande impulso religioso. Depois dos nossos primeiros reveses, as aspirações elevadas que estão no fundo de sua natureza despertaram nela uma necessidade de crer, de saber que a morte não é o nada e que acima de tudo existe um poder soberano, uma força inteligente e consciente capaz de nos proteger na provação e de fazer prevalecer a justiça em um mundo de paixões desenfreadas. Se esse sentimento tivesse podido atingir o ideal sonhado, teria sido o prelúdio de uma renovação nacional. Mas as soluções propostas pelas igrejas, as exíguas consolações por elas oferecidas aos corações dilacerados, as práticas rituais que elas impõem, já não mais satisfazem às necessidades do tempo e do meio. Foram julgadas insuficientes e pouco a pouco o movimento religioso enfraqueceu-se.

Entretanto, o pensamento continua voltado para o Além. Em face do perigo, sob o golpe do dilúvio de males que nos ameaçam, no meio das ruínas e dos lutos que se acumulam, a alma francesa busca sempre uma base sólida, uma certeza para apoiar a sua fé. Não as encontrará senão no espiritualismo moderno e, sobretudo, no espiritismo. A religião do futuro repousará na prova científica da sobrevivência, nas demonstrações experimentais e nos testemunhos dos pesquisadores que aprofundaram os problemas da vida invisível.

No decurso da presente guerra, o antropomorfismo das religiões mostrou-se em seu aspecto mais monstruoso. O velho deus alemão é apenas uma evocação dos deuses bárbaros do paganismo germânico. Debaixo de sua máscara cristã mal ajustada, reconhecem-se as feições do sanguinário Odin, que preside às cenas de carnificina. Essa concepção da divindade avizinha-se ao mais baixo materialismo e repugna às almas delicadas, aos espíritos refinados. Ela não é tão somente do gosto de um monarca ávido de dominação universal e de seu meio: encontramo-la também nas obras dos pensadores alemães: professores, pastores e escritores proclamam-na à porfia em discursos e publicações.

Semelhante ao Jeová da Bíblia, o velho deus alemão protege exclusivamente uma raça e só vê nas outras um amontoado de povos vis e corruptos, fadados à ruína e à morte; daí essa mentalidade feroz que faz dos germanos os supostos instrumentos da vingança divina e que os impele a uma obra de destruição que eles perseguem metodicamente. Aproximando-nos desse grosseiro misticismo das teorias de Nietzsche relativas ao super-homem, tão difundidas na Alemanha, podemos medir as funestas consequências de uma falsa religião unida a uma não menos falsa filosofia. Certamente, é bom "desenvolver a vontade de poder", segundo a expressão de Nietzsche, mas com a condição de se desenvolverem simultaneamente a consciência e as outras faculdades do espírito e do coração: a piedade, a bondade, o respeito da verdade, do direito e da justiça. Sem isso, rompe-se no homem todo o equilíbrio moral e apenas conseguiremos produzir orgulhosos, déspotas, monstros, que, para triunfarem, não hesitarão em empregarem todos os meios, até os mais odiosos e criminosos. Daí essa luta terrível que se desdobra em torno de nós e na qual a Alemanha, por seu feroz egoísmo, se desonra aos olhos do mundo e da História.

II

Março de 1917

Em nosso país, a ideia de Deus, obscurecida e desnaturada pelas religiões, esvaneceu-se em muitas almas. Há muito tempo, na França, formara-se uma corrente de ceticismo que minava surdamente as bases de toda crença e até mesmo de toda ordem social. As horas trágicas chegaram; debaixo da tempestade de ferro e de fogo que sevicia, a França sentiu a necessidade de um ideal elevado, de uma força moral que permitisse encarar a morte, suportar sem fraquezas todos os golpes da adversidade. A proximidade do perigo impôs aos mais frívolos uma gravidade concentrada e muitos pensamentos se voltaram para o Além.

Isso parece ser algumas das premissas de renovação espiritual. Do fundo do abismo de males em que caímos, eleva-se para o céu um grito de apelo; sobem aspirações para formas religiosas mais elevadas e mais puras, capazes de proporcionarem ao homem meios eficazes para desenvolver o que nele há de imortal e de divino. As concepções do passado poderão contribuir para essa regeneração; mas, como já o dissemos, é, sobretudo, na ciência nova, engrandecida, espiritualizada, que a religião do futuro encontrará os princípios de sua fé, os elementos da certeza, pois a religião e a ciência apenas se excluem quando as consideramos nos seus aspectos menos elevados. Identificam-se e se fundem no seu objetivo essencial, no seu fim supremo que são o conhecimento do Universo e a comunhão íntima com a causa das causas: Deus!

É possível que, na sua evolução, a religião veja enfraquecer-se o seu caráter de coletividade, mas ela se fortalecerá em cada um de nós pelo desenvolvimento da ciência e da consciência individuais.

Basta lançarmos um olhar global sobre o Universo para que nos encontremos em presença de leis majestosas, que curvam os seres e as coisas sob a ação de um poder soberano. Ora, não há leis sem um pensamento e uma vontade que as concebam e zelem pelo seu cumprimento. Nas profundezas silenciosas do abismo da vida em que rolam os mundos, uma Inteligência preside à ascensão das almas e à harmonia eterna do Cosmos.[1]

As anomalias, as contradições que alguns creem descobrir no estudo do Universo provêm simplesmente da insuficiência das suas observações. Os nossos sentidos grosseiros, mesmo que completados pelos instrumentos que a indústria põe à nossa disposição, não podem dar-nos senão uma pálida ideia do conjunto das coisas.

Nossa ignorância do mundo invisível contribui ainda para enfraquecer os nossos julgamentos. A revelação dos espíritos veio forte a ponto de preencher as principais lacunas do nosso entendimento. Ela mostrou-nos, por exemplo, que as leis morais e as leis físicas ligam-se e se fundem em um todo harmônico. O mesmo se passa com a ideia de Deus, que se aperfeiçoa e engrandece.

Para o espírito liberto das formas materiais e dos limites dos cultos, Deus não é mais o ser antropomórfico, isto é, o homem divinizado com o qual nos entretêm os livros sagrados e

---

[1] Nossos telescópios descobrem mais de cem milhões de estrelas e todas, como sabemos, são sóis que, em sua maioria, ultrapassam o nosso em força e em brilho. Cada um desses sóis arrasta atrás de si um suntuoso cortejo de mundos. Qual é, pois, a força que sustenta esses bilhões de astros e de globos no vazio dos espaços e dirige sua rotação incessante? A mesma que regula o agrupamento dos átomos e as afinidades químicas, ou seja, a lei da atração. Ora, esta lei pertence ao domínio do invisível.

os mitos das antigas eras. Não. Deus é uma pura essência, um princípio, uma causa e um fim. Os espíritos bastante evoluídos para O contemplarem (e conheço apenas um neste caso), descrevem-No como um imenso foco de luz cujo esplendor é quase insustentável e de onde partem as poderosas vibrações que animam todo o Universo.

Desprende-se Dele uma impressão de majestade temperada por eflúvios de amor que penetram e comovem a todos os que Dele se aproximarem.

Nas asas do pensamento e da oração, no recolhimento dos sentidos, qualquer alma pode se comunicar com esse eterno foco e sentir suas irradiações. Ao chegarem a tais alturas, todos os impulsos do pensamento religioso se trocam em contemplação e êxtase.

Em realidade, no seu princípio, no seu fim elevado, todas as crenças são irmãs, convergindo para um centro único. Tal como a límpida fonte e o regato palrador que vão finalmente juntar-se no vasto mar, o bramanismo, o budismo, o cristianismo, o judaísmo, o islamismo e seus derivados, em suas formas mais nobres e mais puras, poderiam juntar-se em ampla síntese, e as suas preces, unindo-se às harmonias dos mundos, se transformarem em um hino universal de adoração e amor!

Foi inspirando-me nesse sentimento de ecletismo espiritualista, que muitas vezes me aconteceu de associar-me às preces de meus irmãos das diferentes religiões. Assim, sem me apegar às fórmulas em uso em tais meios, pude orar com fervor tanto nas majestosas catedrais góticas como nos templos protestantes, nas sinagogas e até nas mesquitas.

Todavia, minha prece adquire mais entusiasmo à beira-mar, quando é embalada pelo ritmo das ondas, nos altos cumes, diante do panorama das planícies e dos montes, sob o domo imponente das florestas e da abóboda constelada das noites. O templo da natureza é o único realmente digno do Eterno.

* * *

Uma das condições essenciais da vida moral é a necessidade, para cada um de nós, de criar para si um meio interior onde a alma possa encontrar um refúgio contra as preocupações externas, contra preocupações materiais, retemperar-se, retomar o contato com a pura essência de onde ela se originou.

Agora que a idade e as doenças me privam dos grandes espetáculos da natureza, construí, pela vontade, um templo interior onde meu pensamento gosta de descer, nas horas de calma e de isolamento, para celebrar o culto dos espíritos eminentes cujo gênio revelador iluminou com sua luz os caminhos da humanidade. Ali, por um esforço de minha imaginação, levantei as estátuas ideais, as imagens augustas dos messias, dos profetas, dos filósofos mais dignos de respeito e de admiração.

No meio do santuário, brilha o símbolo sagrado da Divindade, a quem se dirigem, primeiramente, as minhas adorações. À sua direita aparece diante de mim, a grande figura do Cristo, meu venerado mestre, e à sua esquerda os messias da Ásia: Krishna, Buda, Lao-Tsé, Zoroastro, aos quais sucedem as imagens dos filósofos gregos, desde Pitágoras até Platão. Diante deles, deleito-me recitando os versos áureos da sabedoria antiga.

Em seguida a Cristo, enfileiram-se os mais autorizados representantes do pensamento cristão. Perto deles, repito a mim mesmo o Sermão da Montanha que é o resumo e a quintessencia de todo o cristianismo: "Felizes os que sofrem porque serão consolados", bem como os preceitos dos Evangelhos reconhecidos como autênticos. Não tive nenhuma intenção de me esquecer do grupo dos Druidas e dos Bardos. À frente deles, ergue-se a alta estatura, a figura imponente de Taliesin.[2] Em sua presença, recito com muito gosto as *Tríades*, esse monumento maravilhoso das tradições célticas, cuja ciência é comparável à ciência profunda do Oriente. Enfim, na sequência, vem Allan Kardec, a quem considero o continuador e o renovador das grandes tradições de nossa raça.

Peço ao leitor que me perdoe de entretê-lo com coisas tão pessoais, mas isso é para ele um exemplo do qual pode tirar úteis ensinamentos e salutares inspirações. Com efeito, em minhas visitas cotidianas a esses nobres espíritos, nos exercícios que sua recordação provoca, ou seja, a recitação de fragmentos de suas obras mais célebres, sempre encontrei a serenidade de alma e o reconforto.

---
[2] Poeta mais antigo da língua galesa.

Não vejais nas suas concepções diversas, a menor contradição! Sob suas formas variadas, encontramos, em cada um deles, o mesmo elã, a mesma aspiração para o bem, para a beleza suprema, que são alguns dos seus vários atributos e como uma influência de Deus. Do seu conjunto emana uma síntese magnífica que resume o pensamento de todo um mundo no que ele tem de mais nobre e mais puro; síntese que ainda exprime, precisa e fecunda o espiritualismo moderno, comunhão universal que ligará um dia todas as consciências e todos os corações.

* * *

Quando lançamos um olhar de conjunto sobre a história dos tempos modernos, bem parece que uma das missões da França seja de criar correntes de ideias através do mundo.

Dezoitos séculos após a vinda do Cristo, ela despertou a noção de fraternidade adormecida no fundo das almas. Nenhuma nação trabalhou com mais ardor para libertar o pensamento das tutelas seculares, para assegurar os direitos da consciência. Ela transmitiu a chama do seu gênio a várias teorias humanitárias ou socais.

Na luta atual, o papel da França cresceu mais ainda, pois ela arrisca a sua liberdade, a sua própria existência, para preservar a Europa de um retorno à barbárie. Por isto, ela granjeou a simpatia, a admiração dos neutros, e por vezes, também, a consideração dos seus inimigos. Antes da guerra, diziam e acreditavam que ela estava em franca decomposição, e eis que ela se sublima à altura de um verdadeiro holocausto.

Quando o drama sangrento ao qual assistimos tiver terminado, nosso país será incumbido de outra missão. Essa concórdia que une todos os seus filhos na hora do perigo, a França deverá mantê-la, garanti-la por outros meios, ou seja, por procedimentos novos de ensino e de educação. Ela deve iniciar o mundo nas premissas da religião do futuro, dessa religião ampla e tolerante que terá por base a ciência dos fatos e por coroamento as mais altas e mais puras aspirações do ideal espiritualista. Nessa religião, a ciência e a fé acharão um campo de aproximação, uma possibilidade de fusão de todos os espíritos e de todos os corações. De todas as obras, essa será a mais profícua para a humanidade, porque fará desaparecer a maioria das causas de divisão e de ódio, orientando os pensamentos e as vontades para a "estrada real da alma" de que falou Platão, para o objetivo elevado da vida que a doutrina dos espíritos nos revela.

Tal iniciativa permitiria à França completar a vitória das armas com uma vitória intelectual e moral mais bela e mais fecunda ainda. Nosso país elevar-se-ia ao primeiro nível das nações e mereceria o reconhecimento de todos os séculos futuros.

Jamais as circunstâncias foram mais favoráveis a uma renovação religiosa, que excluiria qualquer espírito de sectarismo e de reação. Esperamos que do presente cataclismo surja uma sociedade nova, assisada pela provação, fortalecida pelo infortúnio, mais unida, mais disciplinada, mais consciente dos seus deveres e das suas responsabilidades. Parece que, a partir de agora, uma evolução se produz nos espíritos. Os homens compreenderam a natureza precária das coisas deste mundo e encaram com mais naturalidade o problema dos destinos. Há três anos, a morte tem batido a tantas portas, tem sentado em tantos lares, que até os mais indiferentes tiveram que nela fixarem os olhos e perguntarem a si mesmos quem era aquela misteriosa hóspede. Pelas reflexões que a sua presença suscitou, neles se abriu uma saída para o infinito, para o divino!

Devido às provações, a alma humana tornou-se mais apta para receber e compreender as verdades superiores. Doravante, as frivolidades e sensualidades de outrora e as obras decadentes não lhe poderiam bastar. Ela exige alimentos mais substanciais, mais viris. Os estudos psíquicos, os testemunhos dos sábios relativos à sobrevivência, oferecerão a ela terreno mais sólido para edificar uma morada mais digna dela e de seus fins.

A filosofia se iluminará com novas luzes extraídas da doutrina de Allan Kardec. Já se compreende, já se admite em certas escolas que a personalidade humana não foi constituída de uma só vez, mas que foi erigida lentamente através dos séculos. A noção estreita, insuficiente, de uma vida única é substituída, paulatinamente, pela da evolução no Espaço e da duração sem limites.

O nosso destino não é garantido por uma graça particular ou pelo sacrifício de um salvador, mas por nossas próprias ações. O ser consciente constrói-se a si mesmo, como o escultor modela sua estátua; sua forma representativa não tem outro valor senão a soma de seus esforços e cuidados. Ela se ilumina ou se escurece com as radiações de seus pensamentos e de seus atos. A fonte das alegrias, das penas ou das recompensas reside nele, em suas faculdades, em suas percepções aumentadas ou diminuídas. O destino não é mais do que o resultado de nossas ações boas ou más, recaindo sobre nós em raios ou em chuvas; mas todo o padecimento sofrido é como o golpe do cinzel do estatuário que contribui para embelezar a sua obra.

O resultado da nossa ascensão é um gozo crescente de tudo quanto é grande, de tudo o que é beleza, esplendor, luz, harmonia; é uma participação progressiva na vida universal, uma cooperação na obra soberana sob a forma de tarefas e missões que aumentam gradualmente de importância e de extensão. Enfim, é a plenitude da felicidade em suas três formas capitais: virtude, gênio, amor!

O objetivo essencial deve ser aproximarmo-nos do lar supremo, penetrarmo-nos das radiações do pensamento divino, sempre tornarmos mais estreita e mais profunda a comunhão com Deus. Com isso, chegaremos a possuir e a conhecer todas as coisas, já que tudo Nele se resume e Nele vive.

Tal é, em sua quintessência, o ensinamento que decorre da revelação dos espíritos nobres e que é bem conhecido por aqueles que viveram na sua intimidade e deles receberam o pão da vida. Esse ensinamento, por enquanto, é partilhado apenas por um pequeno número e deve ser difundido amplamente para que as inteligências se iluminem, os caracteres se melhorem e as almas se elevem.

Eis porque, depois da guerra, os espíritas deverão semear tais verdades a mancheias, porque o terreno estará preparado a contento. No seu trabalho, eles não estarão sozinhos. A multidão imensa dos Invisíveis ampara-os e encoraja-os. Acima de nós pairam em espírito todos aqueles que deram a vida em sacrifício pela França, todos os que tombaram pela causa do direito. Eles nos inspiram, nos exortam a não nos esquecermos do seu nobre exemplo e a trabalharmos, por nossa vez e por outros meios, para a salvação e o reerguimento da pátria. Eles se debruçam sobre os corações magoados, sobre as almas enlutadas, para neles verter o bálsamo das consolações e das longas esperanças. Eles lhes asseguram que a sua afeição não se extinguiu, que a sua atividade não diminuiu, mas que, ao contrário, os seus sentimentos e a sua vida são mais intensos, mais reais, mais potentes do que os nossos.

De todas as partes eleva-se a voz dos mortos para afirmar--nos que acima da atmosfera de ódio, de vingança e de horror que pesa sobre o nosso infeliz planeta, existe um mundo superior onde reina a eterna justiça, onde todos os que lutaram e penaram, sofreram aqui na Terra, colherão o fruto dos males suportados, um mundo onde um dia nos reuniremospara juntos comungarmos na paz serena e na divina harmonia.

Capítulo 10

Responsabilidades

Abril de 1917

Assistimos à ruína de um mundo inteiro, um mundo de preconceitos, de erros, de ilusões perdidas, de esperanças enganadas, de quimeras esvaecidas. Mas de tantas ruínas deve surgir uma nova ordem. A morte engendra a vida e os túmulos, por uma via secreta, conduzem aos berços.

A terrível tempestade que passa sobre globo causou incalculáveis devastações. Mais de dez milhões de homens foram ceifados na sua juventude ou na sua virilidade; povos inteiros foram despojados, massacrados ou reduzidos ao cativeiro; vastas regiões saqueadas metodicamente e os seus habitantes condenados à fome e à mais negra miséria, ou então, obrigados a deixarem os seus lares e a vagar, sem recursos, pelos caminhos do exílio; milhares de navios jazem no fundo das águas com os seus ricos carregamentos e os despojos humanos que eles guardavam. Ao redor de nós, só vemos famílias de luto e o espetáculo dos mutilados entristece nossas cidades e nossos campos.

A ruína moral não é menor. Em certos momentos, perguntamo-nos se a justiça, a verdade, o direito, a liberdade, a fraternidade, esses raios que partem do divino foco para iluminar o caminho do homem, se essas forças do alto, que nos alentam nas horas dolorosas, podiam ser impunemente pisoteadas, ultrajadas, aniquiladas.

Pudemos crer que a força brutal, a mentira a hipocrisia e o

ódio dominariam o mundo, e sentimos passar sobre nós o vento do abismo. De todos os pontos da Terra sobem aos céus gritos angústia e de desespero. Tal é a obra de Guilherme II e de seu povo!

Se quisermos remontar à fonte primordial, à causa moral de tantos males, o que acharemos? Certamente, entre os alemães, um desmedido orgulho, uma necessidade ávida de dominar, um sentimento exaltado de superioridade que os faz ignorar e até mesmo desprezar o valor real dos seus adversários. Há, porém, outra coisa. Tocamos aqui no lado fraco, no ponto mais delicado, mais sensível da nossa civilização, naquilo que a tornará sempre precária e instável; porque, enquanto subsistir essa causa, violentas correntes poderão produzir-se no seio da humanidade e arruinar a obra laboriosa dos séculos.

Queremos fazer referência à ausência de dados precisos sobre o objetivo da vida humana e sua continuação no Além. Pensamos na insuficiência do ensino no que diz respeito às leis superiores e, sobretudo, à lei da consequência dos atos, que recai mecanicamente sobre nós e traça o caminho dos nossos destinos. Quer na Igreja, quer na Escola, apenas achamos sobre esses pontos essenciais hipóteses e noções vagas e confusas, não baseadas em nenhuma demonstração positiva, em nenhuma prova segura.

Entretanto, há mais de meio século que o espiritualismo experimental lança e proclama a todos os ecos os elementos de uma doutrina clara e precisa, que resulta das relações estabelecidas em todos os pontos do mundo com os nossos próximos e amigos mortos. Essa doutrina, fortalecida por inúmeras provas de identidade, proporciona ao homem o critério de certeza que lhe faltara até agora. Ora, que acolhida recebeu essa revelação providencial e regeneradora? As Igrejas tudo fizeram para abafá-la; as Escolas só tiveram para com ela indiferença ou desdém. O homem, privado da luz necessária para iluminar seu caminho, sem o fio de Ariadne que podia guiá-lo no labirinto da vida, exposto às contradições dos maus pastores, deu livre curso às paixões, aos desejos furiosos que retumbavam em sua alma. Daí, os desastres, as catástrofes que se multiplicam. O mundo está abalado por terríveis convulsões.

Imbuída do sombrio e grosseiro misticismo que lhe é próprio, a Alemanha mostrou-se particularmente refratária à nova corrente de ideias. Lá, os estudos psíquicos são pouco apreciados e o imperador feriu de suspeição todos os seus funcionários que se interessavam por tais estudos.

Se o sinistro monarca tivesse conhecido melhor as condições da vida no Além; se, familiarizado com o mundo dos espíritos, ele tivesse sabido o que nos espera e o que a ele mesmo espera depois da morte, teria, na noite trágica que ia desencadear sobre a Europa um ciclone sem precedentes, assinado o decreto de mobilização do exército alemão?

Por meio de um médium, de valor, ele poderia ter evocado as sombras ilustres dos gênios protetores da antiga Alemanha: os Goethes, os Kants, os Leibnitzs. os Fichtes, ou simplesmente a alma de seu pai, Frederico, o Sábio. E de certo, com os seus conselhos, esses nobres espíritos saberiam desviá-lo do seu caminho sanguinolento.

Se o Cáiser houvesse estudado conhecido e praticado o mundo invisível, poderia ter visto, por antecipação, desenrolar à sua frente, como em um quadro, a sorte que lhe reserva a inexorável lei. Teria visto a sua alma, rubra do sangue derramado, transpor o temível Umbral e surgir diante dela a imensa multidão das vítimas da guerra, para acusá-la, esmagá-la, amaldiçoá-la.

Em vão, ela tenta esquivar-se e fugir; em vão, busca os locais escuros e solitários: essa multidão persegue-a em toda a parte e incessantemente com as suas ameaças e os seus furores. E se, por exceção, o seu espírito miserável descobre algum refúgio tenebroso e desolado, encontra-se frente a frente com a sua própria consciência, que se tornou mais imperiosa ao se desprender da matéria; e o remorso atenaza-o, despedaça-o! Vozes obsedantes lhe repetem: Caim, que fizeste de teus irmãos?

Depois, seria a perspectiva dos renascimentos, a longa série das vidas planetárias nas quais seu corpo deformado e a sua alma degradada terão de padecer todas as vergonhas, todas as humilhações, o cálice de amargura para esvaziar, a expiação pelas existências obscuras e atormentadas através dos séculos; o resgate do passado pelo rebaixamento, pelo sofrimento, pelas lágrimas.

Se, desse futuro terrificante, ele voltar os olhos para o atual momento, se suputar qual apoio, qual socorro pode esperar do mundo oculto, o que verá?

Em vez dos espíritos luminosos que protegem a França, em vez de um velho Deus imaginário, gerado por seu cérebro exaltado, verá planar por sobre os seus exércitos a negra legião dos espíritos das trevas, os retres e os lansquenetes da Idade Média, soprando sobre os seus soldados o ódio e a perfídia e engenhando-se em descobrir com eles todas as combinações de uma química infernal e assassina. No espetáculo das atrocidades que provocam, encontram esses sequazes do mal a satisfação dos seus instintos de violência e de crueldade.

Mas, se diante dessas visões de espanto e horror, o Cáiser sentisse sua carne tremer e o coração apertar, teria jogado para bem longe a sua pena, a fim de afastar de si os golpes do implacável destino. E assim a mais terrível das catástrofes teria sido poupada à humanidade.

* * *

Também a França tem a sua parte de responsabilidades. Nossas academias, nossas universidades, nossas igrejas não souberam apreciar as verdades, as forças morais que lhes trazia a doutrina dos espíritos. Repeliram a mão que, do alto e há 50 anos, se lhe estendia para conduzir nossa nação à fonte fecunda e regeneradora.

Assim, quais foram as consequências dos seus ensinamentos complexos e contraditórios sobre a vida contemporânea? Esta, antes da guerra, apresentava o espetáculo de uma sociedade sem ideal, sem elevação, sem grandeza, desprovida de beleza moral: gerações se empurrando ao acaso, sem objetivo, sem orientação precisa, não sabendo em que se fixar; pobres seres inquietos, percorrendo o sombrio desfile da existência, sem chama na fronte, sem paz no coração e afundando-se cada dia mais na matéria e na sensualidade. O homem gastava toda a sua energia para assegurar a sua vida material e só ouvia fracamente a voz da alma que também requer seu alimento.

Em presença de tantas doutrinas confusas, igualmente destituídas de bases, de provas e de sanções, as grandes verdades se tinham pouco a pouco velado e desnaturado. O erro e a mentira insinuaram-se paulatinamente em toda a vida nacional, que se encontrou inteiramente desfigurada, tanto na ordem política como nas relações sociais.

As inteligências e as consciências, sentindo, por uma intuição secreta, que a verdade lhes era negada por aqueles mesmos que têm a missão de ensiná-la, desacostumaram-se dela e, por uma consequência lógica das coisas, todo o nosso modo de viver, de pensar e de agir foi alterado.

Daí a hipertrofia do eu, a necessidade irresistível de se gabar, de se produzir, de parecer, de atribuir a si mesmo qualidades fictícias, méritos imaginários que caracterizavam um tão grande número de nossos contemporâneos; daí, o transbordamento dos apetites e das paixões. Já não se podia, nas conversas, externar uma opinião forte, um pensamento elevado, sem provocar sorrisos céticos e zombeteiros. A virtude tornara-se quase ridícula; o adultério e a libertinagem eram vistos com indulgência. A especulação descarada, as trapaças financeiras, as práticas dos homens de bolsa e de rapina, desde que levassem à fortuna, quase não despertavam reprovação.

Na ordem política, era o assalto aos empregos e ao poder, a proteção, o favor tomando o lugar das aptidões; os medíocres, os incapazes agarrando-se aos melhores postos; o governo com frequência confiado aos menos dignos; a imprevidência, o desperdício, a instabilidade ministerial anulando as mais belas obras nacionais.

Assim, quando a grande lei moral, a dos deveres e das responsabilidades, cessou de brilhar aos olhos dos homens, todos os princípios que dela decorrem por sua vez se apagam. Faz-se noite nas consciências, o mal estende o seu império. E, como a noção de lei é inseparável da ideia de Deus, que é o seu gerador, ao mesmo tempo em que se enfraquece o culto do poder supremo, vê-se crescer o da carne e do bezerro de ouro; acentua-se a descida para o abismo da matéria.

Veio a tempestade; seu sopro poderoso varreu muitas vaidades, valores fictícios, juízos falsos. A guerra pôs a nu todas as nossas chagas; fez ressaltar as insuficiências, as incapacidades; reconduziu à sua justa medida as mediocridades que obstruíam certas situações. Esses valores, certamente, não desapareceram totalmente do cenário político e o nosso país, com os males que suporta, percebe isso em demasia. Pelo menos, abriram-se os olhos sobre elas, a condenação está escrita nos corações e seu reinado está no fim.

Ao lado dos nossos vícios e taras, dormiam na alma francesa qualidades viris, qualidades que os acontecimentos recolocaram em evidência. Nossa desmoralização era mais aparente do que real, mais superficial do que profunda. O gênio da raça se recuperou. As consciências justas e os valores morais surgiram numerosos, sobretudo no seio dos exércitos. Foram eles, com o socorro imenso do mundo invisível, que salvaram a honra da França, impediram sua ruína, sua queda, seu aniquilamento.

Já expusemos, em artigo precedente,[1] o papel considerável que na guerra atual desempenhou o mundo oculto; falamos do apoio constante que ele presta aos nossos exércitos. Essa descrição era insuficiente. Não saberemos, não compreenderemos jamais toda a extensão dos esforços e das energias despendidas pelos espíritos protetores da França para apoiar os nossos soldados na terrível luta empenhada. Não somente eles excitam e inflamam o ardor nos combates, como também, nas longas horas de vigília e de espera na trincheira, inspiram-lhes uma resignação estoica. Era proverbial a sua impetuosidade no ataque, mas eis que qualidades desconhecidas de paciência e de perseverança se revelam na alma nacional.

Após dois anos de fadigas e de padecimentos, perguntávamo-nos se nossos soldados poderiam enfrentar os rigores de um terceiro inverno. Ora, eles suportam com igual coragem as rajadas de projéteis, as ondas de gases mortais, e em certos dias, a fome, o frio, a umidade, geradoras de tantos males, e até o contato com insetos repugnantes.

Em 1870-71, alistado como soldado voluntário, pude verificar que a mentalidade das tropas era muito diferente; mas então, o mundo invisível não nos ajudava com os seus fluidos poderosos e a França foi vencida.

* * *

---
1 Vide Capítulo VIII.

Ao rubro clarão dos acontecimentos, dizíamos nós, apareceram todas as nossas misérias morais, a debilidade dos caracteres, o desnudamento das consciências, tudo o que em nossa sociedade era vão, artificial, enganador. Por termos falseado a verdade, um pouco em toda parte, nas transações, no ensino, na política tivemos de suportar, como castigo, a mentira no que ela tem de mais odioso. O imperador alemão não cessou de mentir, em nosso detrimento, diante do Universo, invocando o nome de Deus. Desde então, a verdade mostrou-se como o único meio de garantir a lealdade e a dignidade das relações humanas.

Por outro lado, os heroicos exemplos dos nossos combatentes tiveram uma imensa repercussão em todo o país. O seu sacrifício ao dever, a sua abnegação diante do sofrimento e da morte era de natureza tal que envergonhavam os egoístas e os desfrutadores da retaguarda. A sua obra essencial consiste, sem dúvida, em libertar o território, mas comporta também uma grande lição moral; sob esse ponto de vista eles pretendem continuá-la, mesmo depois da guerra. É, pelo menos, o que ressalta das numerosas e significativas cartas recebidas do front. Querem que um grande sopro puro varra a atmosfera espessa que vela os nossos olhares e nos oculta as temíveis realidades. Sonham com um nobre ideal, uma sociedade espiritualizada, em que a vida da alma encontrará sua livre expansão. Nas horas trágicas, como num relâmpago, ou gradualmente, na longa expectativa das trincheiras, eles entreviram a lei soberana que faz recair sobre cada um e sobre todos a consequência dos atos praticados. Compreenderam, também, que por termos durante muito tempo aceitado e afagado as contraverdades, temos que aguentar, mais pesadas e mais grosseiras, as mentiras do estrangeiro. Compreenderam também que por termos procurado demais a vida fácil, a vida dourada pela fortuna e pelos prazeres, que temos de suportar as privações, a miséria. Sentem, enfim, que essa visão, essa compreensão das coisas superiores deve penetrar no pensamento e na consciência de todos, se queremos deter o nosso país na rampa fatal por onde ele desliza.

Certamente, essas almas generosas representam apenas uma exígua minoria da nação, mas podem ser como o fermento que faz crescer a massa. Os adversários de toda espiritualidade são numerosos e desejarão, por todos os meios, conservar o seu domínio. Depois de termos expulsado o invasor, teremos de lutar ainda contra as influências perniciosas, as oposições e rotinas internas. É, sobretudo, em prol da direção da infância que se travarão os mais vivos combates, pois quem possui a criança garante o futuro.

Estará a educação oficial à altura de sua missão? É justo duvidar. Seus inspiradores deveriam, entretanto, compreender que não é por meio de negações ou de uma moral vaga e destituída de sanção que se conseguirá afastar as tentativas do obscurantismo e refazer a consciência do povo.

Será então que o espiritismo poderá intervir e desempenhar o seu papel providencial. Ele vem oferecer, ao mesmo tempo, à educação popular a base e o coroamento que lhe faltam, isto é, a prova sobre a qual repousa todo o edifício dos nossos conhecimentos e a doutrina moral que constitui o seu pináculo e lhe assegura a harmonia. Mas, não faz parte do destino dos enviados divinos o fato de serem desdenhados e ridicularizados em alto nível? O Espiritismo não escapa a essa regra. No entanto, o acúmulo dos testemunhos e a adesão dos homens eminentes que lhe dão pouco a pouco um lugar na ciência inglesa, acabarão, sem dúvida, por impressionar o nosso país. Chegar-se-á a admitir a sobrevivência do ser e sua evolução por meio dos renascimentos, como se crê em todos os axiomas científicos, por exemplo, no movimento da Terra, sem que, entretanto, tenham sido verificados.

Enquanto esse tempo não chega, cabe a nós e, principalmente, aos pais, aos chefes de família, cuidarmos para que a inteligência e a consciência das crianças se não falseie com um ensino sectário ou destituído de princípios elevados.

Mas, depois da guerra, ficarão as coisas como estavam anteriormente? Com a ação irresistível dos acontecimentos, um trabalho mental será feito em muitos espíritos: muitos preconceitos e falsos pontos de vista serão varridos; é prudente que não desesperemos de nada, nem de ninguém. Quantos pensamentos, com efeito, se verão libertos do jugo que ainda recentemente suportavam! Quantas consciências perturbadas na sua profundeza rejeitarão os artifícios e as convenções pueris que impediam o seu impulso para uma luz mais viva!

Parece que a vontade de Deus seja que o mundo se reforme e se regenere pela dor. Jamais uma ocasião tão favorável ser-nos-á oferecida: saibamos aproveitar-nos dela para divulgar em todos os meios a grande doutrina espiritualista que deve reerguer a humanidade.

Fora do mundo invisível, temos em nossa árdua tarefa de propagandistas, dois companheiros de luta que nos estimulam sem cessar e nos impelem para diante: o dever e a verdade. Durante quarenta anos trabalhamos juntos com a pena e a palavra. No início, sobretudo em nossa ação oral, colhemos mais sarcasmos do que aplausos: o espiritismo era considerado, então, como coisa ridícula. Mas, paulatinamente, a opinião pública se tornou mais accessível: consentiram em nos ouvir, sem, todavia, tirarem grandes proveitos do nosso ensinamento. Hoje, as pessoas ouvem, refletem, estudam, compreendem. Isso ainda não basta: é preciso que o conhecimento das leis superiores se traduza em atos.

Mais tarde, hão de fazer-nos inteira justiça; as pessoas compreenderão que se tivessem sempre conhecido e respeitado a lei imanente das responsabilidades, muitos males, muitos desfalecimentos e quedas teriam sido evitados. Virá um dia em que, medindo-se toda a extensão e repercussão dos erros cometidos, serão atados ao pelourinho da opinião os dirigentes de todas as espécies, epicuristas gozadores, corruptos e corruptores, cujas maquinações conduziram-nos à beira do abismo.

Mas os sacrifícios realizados, tanto na luta, quanto no alívio das misérias comuns, darão seus frutos. Do sangue derramado se levantará uma floração de virtudes novas.

Vivemos em um desses momentos solenes em que, no cadinho dos acontecimentos, a História refunde a humanidade. Os aliados tentam um supremo esforço para conquistar uma vida mais nobre, mais digna da alma e dos seus destinos. Tenhamos confiança nos desígnios de Deus sobre o nosso país. A França purifica-se pela dor. O infinito sofrimento suportado pelos seus filhos não será estéril!

Capítulo 11

A Hora do Espiritismo

Junho de 1917

A visão do Espaço e a contemplação dos céus nas horas serenas da noite despertam em nós uma espécie de respeitoso temor. A sensação das distâncias, a multiplicidade dos focos luminosos, o pensamento de que cada um deles é um sol, um sistema de mundos e que, para além dos limites que o nosso olhar pode atingir, outras legiões de astros se desdobram e se movem infinitamente no seio dos abismos, tudo isso nos domina e nos abate. E então medimos a nossa fraqueza, a nossa impotência diante do vasto Universo.

Provamos uma impressão semelhante, mesclada de angústia, diante dos acontecimentos formidáveis que se desenrolam diante de nós. No meio da tempestade, sentimo-nos como palhinhas agitadas pelas grandes vagas do oceano. A causa aparente de todos esses males é a ambiciosa e feroz Alemanha; mas, acima do livre arbítrio das nações, uma intuição segura mostra-nos alguma coisa misteriosa e infinitamente poderosa que do caos das paixões desenfreadas fará surgir a ordem e a regeneração da humanidade. Os impérios predadores sonhavam em dominar e sujeitar o mundo e eis que correntes violentas conduzem todos os povos para a liberdade. Até entre si eles minam surdamente os tronos e as instituições seculares. O intuito dos nossos inimigos era garantir para sempre a riqueza, a glória dos germanos, mas é a vergonha e a ruína que estão sendo preparadas. Através das trevas que pesam sobre nós, entrevemos a aurora nascente de um novo dia. Uma vegetação inesperada vai crescer e florir sobre as ruínas e os túmulos.

A hora do espiritismo chegou. Nos tempos de provações em que vivemos, ele traz a consolação e a esperança às almas desoladas, a todos aqueles que choram os entes desaparecidos, a todos também que têm os filhos na batalha, os queridos filhos por quem despenderam tantos cuidados, solicitude e temor. Inúmeros são os que a dor oprime e que sentem a necessidade de um conforto, de um socorro moral. Todas as nações que lutam pela liberdade do mundo, pelo direito dos fracos e pela justiça, viram a flor de sua juventude ceifada pela metralha; estas perdas cruéis se repercutem em vibrações profundas e dolorosas até no próprio coração de nossa raça.

Nunca a humanidade teve mais necessidade de uma doutrina que a amparasse e consolasse nas horas trágicas. O espiritismo oferece o seu raio de luz a todas as almas obscurecidas pela tristeza e pelo desespero; ele aplica o seu bálsamo consolador sobre todas as feridas.

Assim a guerra, ao mesmo tempo em que é causa de ruínas sem conta, poderá tornar-se, pelo próprio excesso do sofrimento, motivo de uma regeneração moral. Uma de suas consequências imprevistas é tornar mais sensível a comunhão que une o mundo dos vivos ao dos defuntos. A maior parte dos combatentes do front tem consciência do potente socorro que lhes chega do Além; eles lhe atribuem o estado de exaltação que sentem nas horas de perigo, a coragem e a confiança inquebrantáveis que nunca os abandonam e que criam neles uma mentalidade bem diferente daquela da retaguarda. Recebi a esse respeito cartas tão numerosas como comprobatórias.

Um episódio célebre torna esse fato ainda mais tangível. No meio de um furioso combate de trincheiras, o tenente Péricarde solta este apelo sublime: "De pé, os mortos!". Na sua carta a Mauricio Barrès ele define o sentido de suas palavras: "O grito não é só meu, mas de todos nós. Quanto mais fizerdes desaparecer o meu papel na multidão, mais vos aproximareis da realidade; estou convicto de não ter sido mais do que um instrumento nas mãos de um poder superior".

Tal sentimento é encontrado em muitos dos nossos contemporâneos. Começamos a compreender que há dois mundos no nosso. Por trás daquele que vemos, há outro, o mais verdadeiro, o mais seguro, o mais duradouro, no qual se expandem todos os esplendores da vida imortal. Assim a necessidade de saber, de crer, de se apegar ao que há de elevado, de estável, de permanente no Universo manifesta-se cada vez mais.

Mostram-me, de todos os lados, a formação de grupos espíritas, compostos, sobretudo, de intelectuais: preceptores, preceptoras, professores, oficiais reformados etc. Mais intensa tornou-se a circulação de novos livros, folhetos e revistas. Os nossos adversários alarmaram-se com tal estado de coisas: a Igreja católica mobilizou os seus melhores pregadores. Mas as conferencias do padre Coubé juntas à ação de Dickson, e que poderíamos suspeitar estarem combinadas previamente, não alcançaram o resultado esperado. A tese do primeiro sobre a intervenção do demônio e os truques grosseiros do outro provocaram sorrisos dos ouvintes. Eles despertaram a curiosidade do público, atiçaram o seu desejo de estudar nossas doutrinas e de experimentar nossos fenômenos.

Assim os nossos contraditores, na sua malevolência, foram diretamente ao encontro do fim que se tinham proposto. Procurando abafar a verdade, não conseguiram senão dar-lhe mais livre expansão. Já há cerca de cinquenta asnos, o bispo de Barcelona, mandando queimar em praça pública os livros de Allan Kardec, só conseguiu atrair a atenção para o espiritismo. Naquela época, eram raros os nossos adeptos espanhóis; hoje, a Catalunha é uma das regiões do mundo onde os espíritas são mais numerosos.

Por seu lado, a Inglaterra apresenta-nos um grande espetáculo. Podemos encontrar a iniciativa, a tenacidade, o espírito de continuidade que ela traz para a. guerra, na ordem científica, na pesquisa metódica dos efeitos e das causas. Suas sociedades psíquicas são as mais bem organizadas e obtêm os melhores resultados.

Os nomes dos cientistas ingleses que se pronunciaram em nosso favor já formam uma verdadeira plêiade e são citados com frequência. Digamos somente que o nome de sir Oliver

Lodge brilha neste momento com vivo esplendor. Após os discursos ressonantes, ele acaba de publicar um livro sobre seu filho Raymond, morto em Flandres, e sobre as manifestações espíritas que ocorreram depois da morte do jovem oficial.

Essa obra produziu em todo o Reino Unido profunda sensação. Ela obteve, para nossa causa, muitas almas marcadas pela guerra, a maior parte daqueles que choram seus entes queridos tombados na luta ardente.

Assim, a brecha que os ingleses abrem no presente momento nas linhas inimigas, também é realizada no campo moral, no conhecimento do Além. É a eles, em grande parte, que deveremos o triunfo definitivo do espiritismo no mundo.

Não sejamos, porém, injustos para com os nossos próprios sábios. É certo que a ciência francesa mostrou-se, por muito tempo, hostil aos estudos psíquicos; quando consentia em ocupar-se deles, era quase sempre para desnaturá-los e atribuir-lhes causas ilusórias. Mas, de seu seio, levantaram-se clarividentes, precursores, para lhe mostrarem a via segura. À sua frente, encontramos o ilustre astrônomo Camille Flammarion.

Vêm depois o professor Charles Richet, o reitor Boirac, o advogado Maxwell etc.

Não nos esqueçamos dos que se passaram ao invisível e nos continuam a ajudar: o coronel de Rochas e o doutor Paul Gibier. Diante de seu exemplo e sob a influência crescente das afirmações vindas de além-Mancha, é impossível que os nossos cientistas não renunciem à sua indiferença e à sua rotina, para abordarem francamente o terreno da experimentação sincera e leal. A voz de todo um povo que reclama a sua parte de verdade e de luz a isso os convida!

O espiritismo nada tem a recear dos seus adversários, mas tem tudo a temer de si mesmo, ou seja, dos abusos que podem decorrer de uma falsa interpretação dos fenômenos e de uma má direção dada às experiências. Ao mesmo tempo em que as nossas crenças se divulgavam e se vulgarizavam, vimos surgir sérias dificuldades: Ao lado dos milhares de almas que o espiritismo consolou, reconfortou, chamou ao sentimento de uma vida mais elevada, ao sentimento dos deveres e das responsabilidades, produziam-se casos de obsessão, de exaltação, de desarranjos mentais e, às vezes, gritos de alarme chegaram até nós.

Como todas as forças da natureza, o espiritismo apresenta perigos. Tudo quanto é poderoso para o bem pode tornar-se, segundo o uso que se faz dele, poderoso para o mal. Certos críticos não querem ver senão os lados maus do espiritismo e os exageram para combatê-lo. Não consideram a influência benéfica que decorre de sua doutrina e da prática dos seus ensinamentos. Cabe aos espíritas esclarecidos frustrar essa tática e fazer justiça à nossa causa, ressaltando o seu caráter nobre e elevado.

Tanto no mundo invisível como no nosso, o bem e o mal se equilibram e projetam a sua ação sobre os humanos que a provocam ou a atraem. O estudo sério do espiritismo exige certas qualidades, um espírito culto, um julgamento seguro, o domínio de si, uma constância, uma perseverança incansável. A pesquisa do fenômeno em si e o entusiasmo pelos fatos psíquicos, sem o complemento moral, não passam de uma espécie de profanação da morte.

O Espiritismo não é apenas uma ciência, mas também uma revelação, uma obra de verdade e de luz. Ele fala ao mesmo tempo à inteligência e ao coração. O espiritismo tem, como um edifício, os seus sucessivos andares. Os seus fundamentos repousam na rocha sólida dos fatos devidamente constatados e verificados. Em sua cripta, os espíritos inferiores se comprazem com os fenômenos comuns, um meio frequentado pelas obsessões e alucinações e pela tendência para as fraudes. Mas, à medida que nos elevamos, aparecem as manifestações intelectuais, as puras revelações. A atividade das almas superiores é exercida nos cumes que se lançam, como flechas recortadas, de uma catedral em pleno azul.

No espiritismo, cada um se coloca no lugar que lhe designa o seu estado de espírito e de evolução. Uns apegam-se exclusivamente aos fatos que são a sua casca. Outros preferem o fruto, ou seja, a sua filosofia e a sua moral.

É, sobretudo, neste sentido que o espiritismo é chamado a representar um papel regenerador, pois sua doutrina atende a todas as necessidades do pensamento e preenche as lacunas do conhecimento. Ela resolve os enigmas da vida, os problemas do mal e do sofrimento. Nesta época de provações e de anarquia, ela nos devolve a confiança no futuro, mostrando-nos que o Universo é regido por leis de harmonia e que a ultima palavra, em todas as coisas, cabe sempre ao direito e à justiça. Ela dá à existência uma razão de ser e um objetivo: a conquista da verdade, da sabedoria, da virtude. Ela nos consola em nossas decepções e em nossos reveses, com a consideração de que, se o bem é quase sempre desconhecido aqui embaixo, reina pelo menos sem restrições nas elevadas esferas às quais cada um de nós deve subir um dia. Indicando-nos o nobre objetivo da vida, ela afasta as mentes das preocupações egoístas e materiais e das agitações estéreis.

A tarefa essencial consiste, pois, em refazer o homem interior, tarefa sem a qual toda reforma social seria vã ou precária.

A importância dessas soluções aparecerá a todos os olhos no dia em que, após a guerra, pensarmos, enfim, em criar um ideal nacional e fazê-lo penetrar na alma francesa, por meio da educação popular. Uma nação está ameaçada de perecer moralmente quando carece de um ideal que a inspire e ampare nas horas de crises. Foi este o caso da França e a causa do seu obscurecimento temporário.

Podemos calcular desde já quanto o sombrio e feroz ideal alemão foi gerador de poder e de energia. Baseando-se em concepções falsas, ele só podia, entretanto, acabar na queda e na ruína. No lugar das altas qualidades morais que constituem a verdadeira civilização, ele desenvolvera na alma germânica, o enfatuamento, a arrogância e a crueldade. Essa doutrina do super-homem que pretende subjugar toda a Terra, e apenas obedecer às suas próprias leis, a Alemanha a deve principalmente aos seus filósofos materialistas.

Ela foi envenenada por seu ensino universitário, por uma pretensa cultura que, na realidade, era somente a negação de tudo o que há de mais nobre e mais sagrado na humanidade.

Os terríveis acontecimentos que se desenrolam são como a pedra de toque que permite medir o valor dos homens e das coisas, das teorias e dos sistemas. Ao sopro da tempestade, tudo o que havia de convencional, de fictício, de mentiroso, se dissipou; a verdade apareceu sem véu, em sua beleza ou em sua feiura. Pôde-se medir todo o alcance das diversas doutrinas, senão por seus princípios, ao menos por suas consequências. Assim o ideal germânico levantou indignação e horror na consciência do mundo. Entre nós, a indiferença e o ceticismo, resultados do ensino oficial, revelaram a sua insuficiência nos dias de provações.

As doutrinas de orgulho e de terror mostraram a sua nulidade. Por outro lado, crenças desdenhadas, desprezadas, mostraram-se ricas de consolações e de esperança, capazes de exaltar as coragens e de erguer as almas esmagadas sob o peso da dor. O espiritismo nos reconduz às grandes tradições de nossa raça, embelezadas ainda pelas conquistas da ciência e pelo trabalho dos séculos. À dominação pela força bruta, pela espoliação e pelo assassínio, ele opõe a liberdade e a fraternidade das almas na paz e na harmonia.

Capítulo 12

Autoridade e Liberdade

I

Julho de 1917

Ninguém pode ignorar que assistimos, há três anos, a um dos maiores dramas da História. Dois mundos, ou antes, dois grandes princípios, autoridade e liberdade, chocam-se, constrangem-se e o seus repetidos choques abalam toda a Terra.

Sob a desordem aparente, em meio ao caos das paixões desencadeadas, forças criadoras estão ativas e trabalham para o advento de uma ordem nova. A consciência do mundo desenvolve-se e afirma-se pelo próprio efeito dos ultrajes que recebe. Através das vicissitudes dos tempos, o ser encaminha-se para um estado de vida mais completo; o ideal realiza-se e a marcha prossegue para o absoluto.

Os fatos históricos mais consideráveis não são senão uma revelação dessa hostilidade, ora surda, ora violenta, e das manifestações da luta entre o espírito de dominação e os esforços tentados para a conquista liberdade.

O cristianismo, no seu advento, não foi apenas um grande movimento religioso. Chamando todos os homens, inclusive os escravos, para a herança celeste, ele os fazia iguais perante Deus e, como repercussão, perante as leis deste mundo. Por isso, os humildes, os pequenos, os deserdados abraçaram-no com ardor. As primeiras comunidades representam a mais perfeita forma do socialismo igualitário e cristão.

Será um efeito da lei dos refluxos? O cristianismo, de essência democrática em sua origem, tornou-se por obra dos concílios e pela constituição da Igreja romana, com o nome de catolicismo, uma teocracia autoritária e despótica. O reinado temporal do padre é o mais pesado de todos os jugos, pois oprime ao mesmo tempo o corpo e o espírito; impõe dogmas muitas vezes reprovados pela razão, e exige que sejam considerados verdadeiros.

Durante séculos, o poder dos papas dominou a Europa, suspendeu a vida do pensamento, curvou o Ocidente sob a ameaça do inferno ou da excomunhão. Depois veio a Reforma, que entreabriu o sombrio cárcere e deu à alma um pouco de ar e de luz.

A Revolução Inglesa, em 1688, a Revolução Francesa, um século mais tarde, representam a terceira grande etapa para a liberdade. Feita a divisão dos erros e dos excessos cometidos, do sangue derramado nessas graves sublevações, devemos reconhecer que as ideias elaboradas germinaram e deram abundantes colheitas democráticas.

Primeiramente as campanhas de Napoleão I e depois a guerra atual, constituem retornos ofensivos da autocracia. Mas a orgulhosa tentativa de Guilherme II para subjugar o mundo parece que vai culminar, por uma ironia do destino, na libertação definitiva dos povos.

Na luta atual, os elementos que se defrontam têm um caráter mais acentuado do que nos conflitos precedentes. Com efeito, já se não trata de uma disputa de raças, de línguas ou de religiões. Tanto entre os beligerantes quanto entre os neutros, dois partidos se erguem um contra o outro. De um lado, encontramos todos os fermentos do absolutismo monárquico ou clerical, todos os que se ligam ao espírito de casta, às tradições da autoridade em todas as suas formas: administrativa, militar, eclesiástica; todos os que professam uma admiração sem reservas pelo imperialismo alemão, por suas instituições, por sua organização sábia, por sua forte disciplina, por seu sistema educativo. Do outro lado, se enfileiram todos os indivíduos e as coletividades ávidos de independência, todos aqueles a quem a opressão e a pretensa infalibilidade revoltam e que põem acima de tudo o direito dos povos e a justiça social.

O entusiasmo que uns manifestam pelos impérios do Centro, reservam-no os outros para a França, que eles consideram o país campeão da liberdade do mundo e que, a seus olhos, ofereceu-se em holocausto pela salvação das nações. Os testemunhos sobre este ponto, que nos chegam de todas as regiões do globo são significativos. A nossa pátria já começa a ser indenizada pelas humilhações e reveses sofridos há cinquenta anos. Na ordem moral, esperando algo melhor, ela obtém a revanche que a História lhe devia.

À medida que a verdade se propaga, aparecem mais claras as causas reais e as responsabilidades da guerra. A opinião e a consciência das duas Américas tornam-se cada vez mais favoráveis à França. O apoio, as ajudas que delas recebe aumentam com as simpatias.

O drama inicial, o assassínio em Sarajevo[1] permanece envolto em mistério, e ainda não é possível conhecer os seus verdadeiros instigadores; mas, quem quer que sejam, a agressão brutal e selvagem contra uma Sérvia pronta a todas as concessões não é um ato menos odioso. A declaração de guerra à França por motivos falsos, pueris, inventados à vontade e, sobretudo, o atentado contra uma Bélgica inocente, apesar dos solenes compromissos, o caráter de atrocidade impresso à luta pelos Alemães, o martírio dos pequenos povos vencidos por ela, tudo isso levantou um sentimento universal de reprovação e de horror. Sem semelhantes fatos inqualificáveis, nem a Inglaterra, nem a Itália, nem os Estados Unidos ter-se-iam envolvido na contenda e a França teria de suportar sozinha a imensa investida dos teutões. Há aqui, pois, um elemento moral de importância capital e bem parece que nesta conflagração em que as forças materiais atingem seu poder máximo, sejam os imponderáveis que tenham a última palavra.

Neste mundo de ferro em que o método de esmagamento parecia soberano, a antiga lei moral reaparece e a justiça recupera retoma o seu império. As nações que creem ter por si a verdade e a justiça, que delas estão imbuídas e conseguem fazer com que todos participem do seu sentimento, podem contar com urna solução favorável.

---

[1] Referência ao assassinato a tiros do arquiduque Francisco Ferdinando e sua esposa, Sofia Chotek por um jovem de origem sérvia, chamado Gavrilo Princip, em 1914..

Em contrapartida, há muito tempo a dúvida se infiltra na alma alemã acerca da legitimidade de sua causa. Nos povos do além-Reno se estabelece a convicção de que chefes orgulhosos e cegos lhes impõem rudes sacrifícios e duras privações sem compensações, possíveis. Pouco a pouco os gritos de triunfo transformam-se em maldições. O Cáiser vê erguer-se à sua frente o fantasma revolucionário. Os espectros da abdicação, da fome e da ruína assombram suas noites.

A situação da Rússia tornou-se um problema aflitivo. O poder dos czares, minado pelas intrigas alemãs e pela traição, caiu sob a pressão forte do povo. O colosso com pés de barro desmoronou-se em poucos instantes. Uma nova democracia nasceu. Saberá ela organizar-se, disciplinar-se, estabelecer-se em bases sábias e duradouras, ou então, caindo na demagogia e na anarquia, trará a desagregação daquele vasto império? As paixões e as desconfianças que reinam nos meios políticos, o estado de insubordinação do exército justificam todos os alarmes.

A crise russa é, na realidade, uma crise de autoridade e de liberdade. Não basta conquistar esta última, é preciso estar maduro para praticá-la. No conflito perpétuo das coisas deste mundo, um desses princípios quase nunca triunfa senão em detrimento do outro; ainda que a paz e a harmonia sociais só se realizem pelo entendimento, pelo acordo perfeito dessas duas forças unidas na mesma medida, uma das duas predomina quase sempre, com prejuízo, seja da ordem, seja da atividade individual. A liberdade excessiva conduz à licenciosidade e à anarquia, e a anarquia traz o despotismo. A humanidade agita-se em uma espécie de circulo vicioso, por falta de sabedoria e de equilíbrio moral.

Algumas pequenas nações como a Suíça, a Noruega, a Dinamarca se aproximam notavelmente desse acordo perfeito entre a autoridade e a liberdade, de formas diversas, monarquia ou república. A instrução de todos, um sentimento religioso elevado e uma sólida educação popular facilitaram-lhe o exercício naqueles meios. O mesmo não ocorreu nos grandes Estados, em que as paixões políticas, a ambição, o desejo de expansão e de dominação mundial açambarcaram as forças vitais em detrimento da paz interior e do verdadeiro progresso. Onde deveremos, pois, buscar um exemplo, um modelo, uma regra precisa, para estabelecer a estabilidade e o equilíbrio das instituições humanas?

Só o estudo da vida invisível pode fazer-nos conhecer um mundo em que a autoridade e a liberdade se combinem e se completem em perfeita harmonia. As revelações dos espíritos bem nos mostram, no Além, uma hierarquia de poderes e de inteligências que se escalonam até Deus. Mas tais revelações também nos ensinam que na vida espiritual todo ser goza de uma soma de liberdade adequada ao seu estado de progresso. A supremacia das almas é sempre proporcional aos seus méritos e não é possível que nos enganemos, porque o seu fluido é o sinal característico de sua elevação. À medida que o espírito galga os degraus da vida celeste, torna-se mais brilhante, mais luminoso, a sua vontade impõe-se por uma ação magnética, que aumenta com o seu poder de radiação. Eis-nos distantes das condições da pobre sociedade terrena, em que é tão fácil à patifaria, aos vícios, às mentiras dissimularem-se sob aparências de uma roupagem bem cuidada, de maneiras sedutoras ou de uma palavra fácil!

Assim, enquanto as instituições sociais não estiverem em concordância com as leis do Espaço, a agitação, a desordem e a confusão persistirão na Terra. Tudo, na vida universal, é regulado em função da evolução. Cada uma de nossas encarnações terrenas, cada uma de nossas existências planetárias é uma etapa de nossa viagem eterna. Vimos do infinito aos mundos materiais prosseguir a nossa educação, e retornamos, a seguir, à vida do infinito. Assim, estamos expostos a recomeçar a tarefa terrestre até que os progressos necessários tenham sido realizados. A ordem social deve, pois, estar disposta de modo a dar a cada um de nós a maior soma de resultados do ponto de vista evolutivo.

Sendo excessivamente variadas as situações das almas, as condições sociais devem sê-lo igualmente. As condições elevadas são relativamente raras, porque são perigosas para o espírito terreno, ao qual elas cercam com as tentações da fortuna e do poder e cujo orgulho elas excitam. Por outro lado, as situações inferiores são incontáveis, porque as necessidades, as duras necessidades que elas comportam, constrangendo o espírito ao esforço desenvolvem o seu eu, a sua personalidade, a sua consciência, e aumentam as suas energias latentes. Padecimentos do corpo e da alma, obrigação do trabalho, tirania da matéria, da doença e da morte, tais são os meios pelos quais o espírito chega a compreender as severas disciplinas e a praticar a lei do dever. A vida terrena é o cadinho em que a alma se transforma e se prepara para as grandes tarefas futuras. Tomada isoladamente, a nossa existência atual parece obscura e desprovida de sentido para a maioria dos homens; mas se a considerarmos em seu conjunto, ligada ao que a precede e ao que a segue, ela nos aparecerá como o esplêndido campo em que o ser constrói o seu destino, edifica a sua personalidade crescente, e chega a tornar-se uma causa inteiramente livre, domando o mal e triunfando dos baixos instintos.

Diante das visões de horror que a guerra desdobra aos nossos olhos; diante dos milhões de túmulos recém-revolvidos que tumefazem as planícies da Europa; diante dos pedaços de paredes enegrecidas, únicos vestígios das inúmeras aldeias que, ainda ontem, vibravam com os ruídos da vida campestre, com o alegre som dos sinos e com os frescos risos das crianças, é bom podermos afirmar que o ser, em sua essência, é imperecível e recordarmos que tudo, vicissitudes, provações, alegrias e dores, contribuem para os nossos progressos e para a nossa elevação.

Acima dessas cenas de tristeza e de luto, a vida invisível se manifesta em sua majestade serena. Vivos ou mortos, somos todos levados, pela grande força evolutiva, para um futuro melhor, no seio do Universo sem limites e da divina harmonia!

II

Agosto de 1917

Retomemos o problema da liberdade. Tem esta a sua noção gravada na consciência individual. Com o nome de livre-arbítrio, ela representa o privilégio que o homem tem de se decidir em qualquer sentido, de orientar os seus atos para o bem ou para o mal. A ideia de responsabilidade é inseparável da de liberdade. Se fôssemos apenas máquinas movidas por forças cegas, autômatos dirigidos pelo acaso, seríamos irresponsáveis. Qualquer sanção seria impossível; a sociedade seria entregue a todas as correntes da paixão, a todos os apetites, a todas as cobiças.

A teoria do determinismo, que combate o livre-arbítrio e a responsabilidade, é funesta em suas consequências, porque enfraquece as bases de toda lei moral e arruína tudo o que constitui a dignidade, a firmeza, a nobreza do caráter humano. Preconizando uma indulgência mórbida para com os desequilibrados, os perversos, os criminosos, ela entrava qualquer repressão; favorece e encoraja todos os abusos, todos os excessos. Podemos atribuir-lhe em grande parte o enfraquecimento e a decadência de nosso país antes da guerra.

Por uma contradição singular, vimos amiúde os homens que em política eram partidários das mais amplas e completas liberdades, contestarem-lhe o princípio inscrito em nós. Queremos acreditar que as terríveis lições da guerra lhes tenham aberto os olhos e que abandonem ideias perigosas que todos os grandes espíritos reprovam.

O livre-arbítrio não nos cabe ao nascermos. Não é liberdade que nos espera à nossa chegada a este mundo, mas sim a servidão –, servidão material, servidão das necessidades, lei imperiosa da necessidade que nos constrange ao trabalho, ao esforço e nos obriga a adquirir e a desenvolver por nós mesmos a própria liberdade.

Uma olhada ao nosso redor mostra-nos a variedade infinita das partes de vontade e de liberdade concedidas a cada um. Só o espiritismo e as reencarnações podem explicar esses contrastes, essas anomalias aparentes. As almas fracas, curvadas ao jugo da matéria, prestes a todas as fraquezas, são almas jovens, que desabrochadas há pouco para a vida e que ainda não souberam valorizar as forças em si escondidas. Ao contrário, as almas poderosas, que atingiram um alto grau de evolução, têm atrás de si inúmeras existências de lutas e sacrifícios, ao longo das quais o seu capital de energia aumentou e a sua vontade se fortaleceu. De umas às outras se escalonam inumeráveis degraus que representam várias outras etapas a percorrer, etapas pelas quais o ser vê paulatinamente aumentar o seu livre-arbítrio, e recuar o círculo das fatalidades.

A diversidade das situações é explicada por si mesma. Em virtude do seu livre-arbítrio, certas almas avançam mais lentamente; outras com velocidade mais rápida.

No início do nosso percurso, a matéria nos oprime, nos domina, nos esmaga. Mas, conseguindo atingir um estágio mais alto, a alma por sua vez dirige a natureza inferior e submete-a a seus desígnios. A educação pelo trabalho e pela dor nela desenvolveu qualidades e forças que a libertam dos laços e das atrações materiais. Desde então, ela se acha apta a tomar lugar nas sociedades superiores; aprendeu a dirigir-se sem que a estimule o ferrão da necessidade. Com a plenitude de sua liberdade, ela adquiriu a plenitude da sabedoria e da razão.

Para fazer reinar neste mundo a ordem, a paz e a justiça, seria necessário que as nossas instituições fossem copiadas das que regulam a vida no Universo invisível em que cada qual está em seu lugar, em que todo ser recebe uma função de acordo com seu valor moral e aos progressos realizados. Nós vimos que não é assim. A autoridade e a liberdade, que são as bases essenciais de qualquer ordem social, em vez de se fundirem em um todo harmônico, chocam-se e combatem-se quase sempre aqui na Terra. A autoridade torna-se perigosa, se não se aliar ao mérito e ao saber. A liberdade não o é menos, quando cabe a homens violentos, ignorantes e passionais.

A lei divina reserva a cada um de nós uma parte de provações e de trabalhos exatamente medida de acordo com as necessidades de nossa evolução e com as reparações que as nossas vidas anteriores podem exigir. A lei humana ignora tanto umas quanto as outras.

Outro erro fundamental de certos sociólogos é a preocupação de estabelecerem a igualdade entre os homens. Ora, a igualdade não existe nem na natureza, nem na sociedade. Não impediremos jamais que homens ativos, previdentes, econômicos, ultrapassem os indolentes, os imprevidentes e os pródigos. A igualdade, no fundo, é a negação da liberdade, e excluir-se-iam mutuamente, se a fraternidade não viesse atenuar seus efeitos contraditórios.

É evidente que um forte movimento de democratização está agitando todos os países. Os povos voltam-se para a liberdade. Mas, como já o dissemos, a liberdade política sem o valor moral, isto é, sem a sabedoria e a razão que a justificam, é uma conquista perigosa. O homem terreno coloca os seus direitos mais acima dos seus deveres. Ele tem a liberdade de praticar o bem e pratica mais vezes o mal, que sobre ele recai com todo o peso das suas consequências. Daí as catástrofes inevitáveis; daí as mortificações, os sofrimentos, as lágrimas.

As lições da adversidade são necessárias. Do seio do abismo de males a que nos arrasta guerra, vemos melhor os nossos erros e falhas. Verdades esquecidas reapareceram; um raio do pensamento divino luziu no meio de nossas angústias.

Por vezes o homem amaldiçoa a dor, pois não lhe compreende a eficácia; mas o espírito que paira no alto a abençoa, por nela ver o instrumento de sua elevação. A dor é o único corretivo do mal que livremente praticamos. Se Deus houvesse suprimido o mal e a dor, como alguns filósofos propõem, a nossa liberdade ter-se-ia diminuído na mesma proporção, e a nossa personalidade diminuiria ao mesmo tempo em que os nossos méritos. Deus permite-nos falhas e quedas, a fim de que as consequências que elas acarretam sejam para nós um meio de reerguimento. Assim, da tormenta atual o nosso país pode sair moralmente engrandecido, ajuizado pela rude provação, aureolado de nova glória. Todo sofrimento é uma purificação. A própria guerra, apesar dos horrores que ela gera, reveste-se de uma beleza trágica, se for considerada como uma obra de sacrifício. O que a História mais honra, é a memória dos que souberam sofrer e morrer: por exemplo, os heróis e os mártires. Nada é mais sublime do que a própria imolação em favor de uma causa justa, de uma ideia nobre!

* * *

A atual guerra é, acima de tudo, uma guerra de ideias; ela terá para o futuro do mundo consequências incalculáveis. É a luta do espírito contra o mais violento e mais cruel materialismo, a revolta da consciência humana contra a autocracia militar e todos os seus excessos. Há cinquenta anos, o seu jugo pesava sobre o mundo; pelo menor motivo, a Alemanha ameaçava os seus vizinhos com a sua pesada espada. A Europa inteira ressoava com o estrondo das armas: o chão estremecia sob a marcha das longas colunas de tropas, sob os passos cadenciados dos cavalos, sob o rolar dos canhões. Agora, entreabrem-se outras perspectivas. Após esta guerra devastadora, tendo caído o militarismo alemão, parece que uma paz definitiva poderá reinar no mundo ensanguentado.

Entretanto, espíritos aflitos, considerando os extermínios espantosos causados pela luta, duvidam ainda do futuro de uma civilização que pode gerar tais flagelos. Esses não veem as coisas de bastante alto. Uma observação atenta lhes mostraria que no meio do caos dos acontecimentos lentamente se elaboram a consciência universal e a vontade dos povos de destruir para sempre a causa de tantos males. Paulatinamente se forma um concerto das nações que unem os seus esforços para por um termo ao conflito latente, à "paz armada" que desolava a Europa havia meio século, para encher o abismo dos gestos estéreis no qual se afundava a maior parte do trabalho e do gênio dos povos. Se a guerra pôde acarretar tais resultados, ninguém hesitará em reconhecer que, pelo menos, ela nos terá levado a dar um grande passo para um futuro melhor.

As duras lições do presente terão dado os seus frutos. O prestigio da glória militar terá se dissipado como uma inútil fumaça. Republicanos ou monarquistas, todos desejarão estabelecer as responsabilidades do grande drama e tirar dele as sanções necessárias. As instituições sociais sofrerão remanejamentos profundos. Já as ideias democráticas parecem impor-se aos mais refratários. A política secreta já cumpriu seu tempo, e os povos querem tomar as rédeas de seu próprio destino. A própria Alemanha, curvada a todas as servidões, parece estremecer sob um sopro libertador. Ela, como todas as demais nações, sente agitar em si uma necessidade intensa de renovação e progresso.

* * *

Como definir o progresso? É o objetivo essencial da atividade humana, buscado em suas diversas formas: material, intelectual e moral. Ele deve ser realizado sob esses três aspectos paralelamente, para dar ao poder social o desenvolvimento e o equilíbrio que fazem dele um todo harmonioso. O conjunto dos esforços feitos e dos resultados obtidos constitui a civilização. Mas, quando esta civilização se apega a uma ou a outra de tais formas desprezando as outras, rompem-se o equilíbrio e a humanidade encaminha-se para um cataclismo. É o que se está produzindo no momento atual. A ciência deu ao homem a posse de meios formidáveis de destruição, e o homem consagrou-os às obras do mal. A Alemanha orgulhosa sonhava com a dominação do mundo pela força e pelo terror. Por outro lado, o sensualismo e a corrupção dos costumes enfraqueceram sensivelmente a resistência dos seus adversários. As paixões furiosas desencadearam a tempestade, e com isso Deus consentiu, a fim de que ao clarão sinistro dos acontecimentos possamos medir toda a extensão dos nossos erros e que a humanidade se regenere pela provação.

Já, pelas mesmas causas, a civilização desapareceu várias vezes da superfície do globo. Os nossos vícios e a nossa cegueira conduziram-nos à beira de um abismo pelo qual teríamos rolado, se não fossem os poderosos auxílios do mundo invisível.

Quando uma civilização chega ao ponto de desviar o homem das leis divinas, daquilo que Platão chamava "o caminho real da alma"; quando ela perdeu de vista o fim capital da existência, que é a educação e o aperfeiçoamento moral do ser, então, essa civilização está condenada a perecer devido aos seus próprios excessos. Se não está inteiramente destruída, está, pelo menos, abalada até às suas mais intimas profundezas. Cortes sombrios operam-se nas fileiras da humanidade. Pelas artimanhas ferozes das batalhas, pelas epidemias, por todos os males oriundos da Terra, multidões de almas se libertaram. Escapam, assim, ao contágio dos maus exemplos, às tradições que perpetuam os erros e os abusos, para renascerem mais tarde, seja no meio terreno quando ele se purificou pelo sofrimento, seja em outros mundos mais favorecidos.

A grande lei das reencarnações não é senão um dos modos da lei eterna do progresso. Nada prevalece contra ela. Às vezes ela parece suspensa pelos efeitos da liberdade humana, mais cedo ou mais tarde ela retoma o seu curso, e a sua ação se exerce sob novas formas. Através dos triunfos e dos martírios das nações, através das mortes aparentes e das ressurreições, poderíamos seguir a marcha majestosa da humanidade para o belo e para o bem supremos, sob o olhar atento de Deus.

Capítulo 13

Ressurreição

Domingo de Páscoa, 31 de março de 1918[1]

Todos os anos, os primeiros sorrisos da primavera reúnem os discípulos de Allan Kardec ao redor desta lápide sagrada, para honrarem a memória do grande iniciador. À primeira vista, suas fileiras parecem desfalcadas, pois todos os jovens estão longe, de pé, no front de batalha, para rechaçar o invasor. Muitos tombaram pela pátria e as almas deles foram encontrar-se, no Espaço, com as dos homens de convicção, de dever, de virtude, que, há sessenta anos, trabalharam pela difusão do espiritismo em nosso país. Mas todas essas almas, fiéis ao encontro, voltam para participar da cerimônia. Se pudéssemos erguer o véu que nos oculta o mundo invisível, não veríamos aqui somente alguns grupos de crentes, mas uma imensa multidão que acorre para apoiar-nos e inspirar-nos. O seu número aumenta ainda com todos aqueles a quem a dor aflige e que vêm buscar em nossas doutrinas o raio de esperança que ilumina e consola.

Na luta terrível que abala o mundo, não são apenas as energias latentes que despertam, mas também todas as paixões furiosas e as cobiças que cochilavam no coração da humanidade.

Nesta hora sangrenta, é doce lembrarmo-nos dos grandes obreiros do pensamento pacificador e fecundo que prepararam um futuro melhor. Entre eles, encontra-se Allan Kardec.

---

[1] Lido em 31 de março de 1918, no cemitério do Père-Lachaise, junto do túmulo de Allan Kardec.

Desta vez, o aniversário do Mestre coincide com a festa da Ressurreição. Não é isso um motivo de júbilo, um símbolo de vida, uma promessa de imortalidade?

A Páscoa é o despertar da natureza depois do longo e triste sono do inverno. Os botões enchem-se de seiva: florezinhas nascem nas moitas; recomeçam os cantos e os ninhos se preparam nos ramos; flutuam no ar eflúvios tépidos. Ao mesmo tempo, estabelece-se com mais insistência o problema da vida renascente, a grave questão do porvir.

Para a maioria dos homens, esse problema é ainda obscuro, o objetivo da vida permanece velado. Tudo quanto evoca o mistério dos seres e das coisas aumenta sua a inquietação e ansiedade. Não sabem de onde vêm nem para onde vão, e os pés tropeçam em todos os obstáculos do caminho. Apavora-os a ideia da morte e repelem-na com horror.

Mas, para nós, graças ao espiritismo, o objetivo se clareia de maneira intensa A vida é o caminho das alturas, a via que conduz aos grandes cumes eternos. É o esforço do ser para o bem e o belo, a ascensão para a luz, o desenvolvimento gradual das forças e das faculdades cujos germes Deus colocou em cada um de nós.

Por vezes, é certo, sobretudo na hora presente, a subida é áspera, semeada de espinhos. O horizonte entenebrece-se diante de nós. É durante os tempos sombrios que as grandes verdades ressaltam com mais esplendor. Depuram-se as almas no cadinho das provações. Pelo sacrifício e pela renúncia, elas aumentam sua radiação interior.

Através de nossas existências terrenas, precárias, instáveis, dolorosas, construímos o nosso espírito imortal e o grandioso edifício dos seus destinos.

A Páscoa é, ainda, a comunhão entre dois mundos, o visível e o invisível, o mundo da Terra e o dos espíritos. Sob esse ponto de vista, ela é, realmente, a coroação da obra de Cristo.

Jesus abrira totalmente as amplas saídas que estabelecem a comunhão entre esses dois mundos e que lhes permitiam que mutuamente se penetrassem. Sabeis que toda a sua vida foi uma obra mediúnica da mais alta intensidade. Se ele agrupou em torno de si homens rudes e ignorantes para lhes confiar uma missão que requeria instrução e faculdades oratórias, é porque discernira neles as faculdades psíquicas que os deviam tornar, após sua morte, intérpretes do Além, os inspirados do seu próprio pensamento e da sua vontade.

Assim a ação do profetismo hebraico provocada por influências superiores, prolongava-se e estendia-se por toda a Igreja cristã; ela tornava-se a intermediária, a mandatária designada das potências invisíveis. A manifestação de Páscoa e as aparições de Cristo que a seguiram são o fato central e como que o pivô dessa grande epopeia espiritualista.

A Igreja primitiva apresentava notáveis analogias com o atual movimento espírita. Com o nome de profetas, os médiuns nela desempenhavam um papel capital. Nas suas inspirações e discursos passava o grande sopro do Além. Durante o longo tempo em que a Igreja foi intérprete das revelações sobre-humanas, foi assistida, protegida e apesar das falhas e das imperfeições de seus membros, viva e próspera. Mas desde o dia em que ela proscreveu a mediunidade e silenciou as vozes lá do alto, fez-se nela a escuridão, os fins divinos foram pouco a pouco substituídos pelos objetivos materiais e ela ignorou o verdadeiro papel, a missão que lhe fora atribuída pelo seu fundador. A campanha violenta e pérfida que hoje essa Igreja move contra o espiritismo, prova que ela perdeu completamente o sentido de suas origens, de suas verdadeiras tradições. Afasta-se cada vez mais das visões do Cristo para encerrar-se em fórmulas que os lábios repetem, mas que não despertam nem luz nem calor no coração dos homens.

Daí resulta que cabe a nós, discípulos obscuros, humildes herdeiros de Allan Kardec, a pesada tarefa de reconstituir o elo que une o céu à Terra, de reencontrar a fonte fecunda de onde jorram as altas inspirações, de retomar essa obra que deve ligar as forças invisíveis aos homens de boa vontade, a fim de inaugurar a nova era esperada por tantas almas inquietas e entristecidas.

No meio da aflição humana, nos dias de angústia em que vivemos, esta festa de Páscoa deve, pois, ser como um raio do céu, como uma mensagem de júbilo e de esperança.

Eis porque, de pé em volta deste dólmen, como os primeiros cristãos que celebravam a Páscoa em traje de viagem, com o bordão na mão, comungarmos, não já sob as espécies materiais, mas por todos os elãs de nossos pensamentos, por todas as aspirações de nossos corações, com esse mundo invisível cujas legiões pairam acima de nós e se associam estreitamente às nossas lutas, aos nossos esforços como também aos nossos sofrimentos.

Assim, cerra-se e fortifica-se a imensa cadeia de vida que liga a Terra ao Espaço e une, em uma ação comum, as duas humanidades, solidárias no seu destino através dos tempos, através dos séculos.

Se quisermos entrever pelo pensamento o futuro reservado ao espiritismo, imaginemos por um instante as gerações futuras libertas das superstições clericais e dos preconceitos universitários, elevadas pelo espiritualismo científico e filosófico até a comunhão com o invisível, conversando com os habitantes do Além, dirigindo a sua vida de acordo com os conselhos de seus preceptores de Além-túmulo, obedecendo, como os profetas de Israel, aos impulsos superiores. Tal sociedade não seria o povo de eleitos, a quem Cristo veio evangelizar? A união de tal povo com a humanidade invisível seria comparável àquela escada de Jacob pela qual os espíritos descem até os homens e os homens sobem até Deus, em uma ascensão de glória, de virtude e de luz.

A todos os que vergam sob o peso da existência, sob o fardo das provações; a todos os que consideram com terror o flagelo, a obra de fogo e de sangue que desola a França, diremos: Elevai vossos pensamentos acima das misérias humanas, para as regiões serenas, para as perspectivas imensas que nos abre a doutrina de Allan Kardec. Mais alto do que as contingências terrenas, ela vos ajudará a descobrir as leis eternas que presidem à ordem, à justiça, à harmonia no Universo. Ela mostrar-vos-á nos males do destino tantos degraus para chegardes a um grau mais elevado da vida, para alçardes às sociedades melhores, às humanidades mais dignas dos favores da natureza e da sorte. Ela vos dirá que o dilúvio que agora desaba sobre o nosso país, e que talvez tenha o intuito de saneá-lo, é passageiro, e que, após a tempestade melhores dias brilharão.

O espírita sabe que um futuro sem limites o aguarda e avança no seu caminho com mais fé e confiança. Ele enfrenta resolutamente a provação, porque conhece, de antemão, suas causas e suas vantagens. Sorve na sua crença as consolações e a força moral tão necessárias nas horas de crise e de luto. Sabe que, apesar das vicissitudes dos tempos e as turbulências da história, a última palavra é sempre pronunciada pela verdade, pelo direito e pela equidade.

O espírita sabe que uma proteção potente o envolve, que cada um de nós tem seu guia e que grandes Seres invisíveis velam pelos indivíduos e pelas nações. O estudo da nossa natureza psíquica revelou-lhe toda a extensão de nossas forças ocultas, que podemos aumentar e desenvolver pelo pensamento pela vontade e pela prece, atraindo a nós as forças exteriores, os fluidos puros, cuja propriedade é fecundar as nossas próprias forças interiores. Sob tal ponto de vista, a comunhão com o Invisível não é apenas um ato de fé, mas, sobretudo, um exercício salutar, que tem por efeito aumentar o nosso poder de irradiação e de ação.

Para, em nossa casa, gozarmos da claridade e do calor do sol, precisamos abrir-lhe as saídas. Da mesma forma, precisamos abrir nossas almas e os nossos corações às radiações divinas para sentirmos os seus benefícios. A maioria dos homens permanece fechada; daí a indigência do seu espírito e a obscuridade dos seus pensamentos. Mas, se os nossos pensamentos e nossas vontades, vibrando em uníssono, convergissem para um fim comum, esse fim seria facilmente atingido e os nossos males atenuados e reduzidos. A centelha jorrará nas almas mais obscuras e nelas acenderá uma chama ardente.

Frequentemente, no meio do conflito que desola o mundo, sentimo-nos prostrados de tristeza. Nós que, recentemente, afirmávamos a lei do progresso e que, por meio dela, sonhávamos com o aperfeiçoamento constante de todas as coisas, somos obrigados a reconhecer que as conquistas da ciência, as mais belas descobertas da inteligência servem para intensificar a obra de destruição e de morte de que somos testemunhas impotentes. A história imparcial registrará as cenas de espanto e horror que se sucedem desde o alto dos ares até o fundo das águas. Ela estabelecerá as responsabilidades dos primeiros que inauguraram procedimentos de guerra que excedem em selvageria e ferocidade tudo o que a humanidade havia conhecido. Quanto a nós, em presença de tal desencadeamento de paixões furiosas, diante desse transbordamento de ódios, temos um dever a cumprir e uma missão a realizar. É divulgarmos ao nosso redor o conhecimento desse Além onde a verdade e a justiça, muitas vezes ignoradas na Terra, encontram um refúgio seguro. É dirigirmo-nos aos que choram seus mortos queridos, para iniciá-los nessa comunhão espiritual que lhes permitirá viverem ainda com eles pelo espírito e pelo coração e lhes proporcionará consolações inefáveis. É, enfim, chamarmos a lembrança do grande Iniciador, cuja doutrina luminosa e serena traz alento e conforto aos aflitos. Em nossos dias de provações, uma das raras alegrias do pensamento é de se epousar nas nobres figuras que mais honraram a humanidade.

Capítulo 14

"Sursum Corda"

8 de junho de 1918[1 e 2]

Espíritas, elevemos as nossas almas à altura dos males que ameaçam a pátria e a humanidade. É nos tempos de provações que se revelam as nobres virtudes e as másculas coragens. Recentemente, nessas horas de paz e de bem-estar que parecem já tão remotas, muitos dentre nós deixavam os pensamentos e as vontades seguirem a corrente da vida fácil e até mesmo da sensualidade. Sob o látego dos acontecimentos, é necessário que as energias ergam-se diante do perigo, para apoiarem e fortalecerem os que, na linha de frente, combatem pela salvação comum.

Todos os adeptos o sabem: o pensamento e a vontade são forças. Agindo de modo contínuo no mundo dos fluidos, elas podem adquirir um poder irresistível. Simultaneamente, servirão de apoio às legiões de Espíritos que, há quatro anos, não cessaram, nos dias de perigo, de impelir e inflamar nossos defensores, de comunicar-lhes este ardor impetuoso que o mundo admira. Os nossos protetores invisíveis repetem-nos frequentemente: uni vossos pensamentos e vossos corações! Se de um a outro extremo do país, todas as vontades, amparadas pela oração, convergissem para um objetivo comum, estaria assegurada a vitória.

Foi nos mais trágicos momentos de sua história que a Fran-

---
1 Corações ao alto.
2 Este apelo foi publicado nas revistas espíritas no momento da grande ofensiva.

ça mostrou toda sua grandeza. Perante o perigo eminente, em 1429, em 1792, em 1870 e em 1914, ela ergueu-se firme, resoluta, inquebrantável. Continuemos fiéis às tradições de nossa raça, que são as do nosso próprio passado, porque muitos dentre nós viveram nesses tempos de crises e provações. A história de nosso país é a nossa própria história. Compartilhamos suas alegrias e suas dores, participamos de seus prolongados esforços, comungarmos com sua alma e seu gênio.

Se nós renascemos nesta terra de França, é que mil laços, mil recordações nos prendem a este doce país. Assim, ao contato dos acontecimentos, impressões despertam em massa e sentimos que as nossas almas vibram e palpitam em uníssono com a grande alma da Pátria.

A gigantesca luta que ora se trava não tem analogia na História. Desde Maratona e Salamina, desde Átila, o mundo não havia visto tamanha investida da barbárie em direção aos centros civilizadores. Mas hoje o quadro ampliou-se e as massas em movimento tornaram-se enumeráveis. É a luta simbólica da besta contra o Arcanjo, isto é, da matéria contra o espírito, que se torna realidade. A matéria apresenta-se aqui com a mais repugnante forma: a força brutal a serviço da mentira, da traição, a prática habitual da emboscada, os processos mais requintados e mais cruéis da destruição. Desencadearam-se todos os poderes do mal contra o pensamento livre e alado. Elas procuram cortar seus elãs para o direito e para a justiça, obrigá-lo a rastejar, mutilado e descoroado. Ora, pode o espírito sucumbir, pode o pensamento perecer? Formular a questão é resolvê-la. Já muitas vezes a Alemanha acreditou ter obtido a vitória, e a vitória escapou-lhe. Há de escapar-lhe até o fim.

Neste conflito terrível, o nosso país torna-se o campeão do mundo em prol da liberdade. Seu papel assume um caráter épico. A França resgata todas as suas faltas, todos os seus erros, todas as suas fraquezas com o seu holocausto, com o seu sacrifício voluntário, em proveito do que há de mais grandioso, de mais sagrado na consciência humana. Eis porque com ela e por ela combatem as legiões invisíveis.

Em nossos artigos precedentes já falamos do grande conselho dos espíritos. Os nossos médiuns veem distintamente no front Vercingetorix, que foi o general Desaix; Joana d'Arc, Henrique IV, Napoleão, e com eles muitos dos que partilharam seus perigos e sua glória. Em frente, nas linhas adversas, plana a negra legião dos espíritos das trevas, soprando nos cérebros alemães combinações infames. Se, muitas vezes, eles pareceram levar vantagem na luta, foi com a ajuda de meios que repugnam aos espíritos elevados. Mas as forças do mal não poderiam prevalecer por muito tempo contra as do bem.

Em meio a esse conflito trágico, com frequência a emoção atinge os corações. Continuemos inabaláveis e confiantes no sucesso final. Com todo o impulso de nossos pensamentos e com toda a força de nossas almas, sustentemos os nossos defensores visíveis e invisíveis. Um sopro poderoso passa pela terra da França, reacendendo as energias, exaltando os ânimos, suscitando por toda parte o espírito de heroísmo e de sacrifício. Oremos e saibamos esperar a hora da justiça divina. Por mais penosas que sejam as provações que ainda nos aguardam, conservemos as nossas firmes esperanças. A grandeza da causa que servimos e a perspectiva do fim que almejamos atingir ajudar-nos-ão a suportar tudo. Logo, as nações livre do jugo alemão entoarão o canto da libertação: *Sursum corda*.

Capítulo 15

O futuro do espiritismo

No meio dos acontecimentos trágicos que se desenrolam, o pensamento ansioso procura atravessar as brumas e as sombras do futuro, levantar o véu que o esconde aos nossos olhos. Ele se pergunta o que será do amanhã. Quando, à nossa volta, tudo parece desmoronar, ele sonha com uma reconstituição da ordem política e social.

Há 50 anos trabalhamos para preparar um mundo em que os homens aprendam a amar-se, a viver na santa comunhão da inteligência e do coração. E assistimos a uma série ininterrupta de lutas selvagens, aos esforços gigantescos do espírito de dominação que procura dominar os povos, curvá-lo sob seu jugo! Quem, pois, ensinará aos homens as verdadeiras leis, a evoluir livremente na paz e na harmonia? Neste momento, a doutrina dos espíritos aparece como um raio consolador, como um astro novo, que se ergue sobre um mundo de escombros e de ruínas.

Os cépticos responder-nos-ão com um sorriso de zombaria. Perguntar-nos-ão se realmente o espiritismo é suscetível de desempenhar um papel regenerador. Como argumento, ser-nos-á suficiente medirmos o caminho que ele percorreu e os progressos realizados desde a morte de Allan Kardec. Podemos dizer que nossos esforços comuns não foram vãos. A verdade e a grandeza das ideias que defendemos começam a ser reconhecidas em toda a parte.

Durante as minhas numerosas viagens em todas as direções, e das minhas estâncias em meios muitos diferentes, pude acompanhar os progressos sensíveis e crescentes do pensamento espírita na opinião geral. Há três anos, sob o golpe dos acontecimentos que se passam, em meio ao grande drama que abala o mundo, muitas almas se contristam e os pensamentos voltam-se para o Além, ávidos de consolações e de esperanças.

Em todos os lugares, sentimos, na mesma proporção, a insuficiência, a indigência dos ensinamentos dogmáticos, a sua ineficácia para curar as feridas, para consolar a dor e para explicar o destino humano.

Qual deve ser o objetivo essencial do espiritismo? Antes de tudo, provocar, pesquisar, coordenar as provas experimentais da sobrevivência. Essa pesquisa da verdade ser feita por meio de um controle rigoroso e metódico. As justas exigências do espírito moderno nos impõem que passemos todos os fatos pelo crivo de um exame imparcial, e devemos nos precaver contra os perigos da credulidade e das afirmações prematuras.

Charles Richet e outros acusaram-nos, frequentemente, de falta de rigor em nossas pesquisas e experiências.

Apoiando-se em provas bem estabelecidas, em bases sólidas, o espiritismo deve preparar, renovar a educação científica, racional e moral do homem em todos os meios.

A ação do espiritismo deve, pois, exercer-se em todos os domínios: experimental, doutrinal, moral e social. Há nele um elemento regenerador do qual podemos tudo esperar. Podemos dizer que ele é chamado para ser o grande libertador do pensamento escravizado há tantos séculos. É ele que cada vez mais lançará no mundo germes de bondade, de fraternidade humana e, tarde ou cedo, esses germes frutificarão.

Estamos impacientes, porque nossa vida é curta e achamos que os progressos são lentos. Mas já podemos asseverar que, em cinquenta anos, o espiritismo fez mais do que qualquer outro movimento do pensamento no mesmo lapso de tempo, em qualquer época da História.

Estamos impacientes, e a nossa piedade se comove com a visão das ignorâncias, das rotinas, dos preconceitos, dos sofrimentos e das misérias da humanidade, sobretudo na presente hora, e gostaríamos de obter resultados imediatos. Mas já podemos ver que pouco e pouco tudo muda, tudo, à nossa volta evolui sob a pressão dos acontecimentos e sob o sopro das ideias novas. Muitas obscuridades se dissipam, muitas resistências desaparecem. Os ódios que as nossas crenças levantavam ao seu redor transformam-se muitas vezes em simpatias, por vezes em amizades, tão certo é que os homens só se combatem, só se desprezam por se desconhecerem. A obra magnífica do espiritismo será a de aproximar os homens, as nações, as raças, formar os corações, desenvolver as consciências; mas, para tanto, é preciso o trabalho, a perseverança, o espírito de dedicação e de sacrifício.

* * *

A guerra não somente nos revelou um perigo exterior com o qual teremos de contar por muito tempo; mostrou-nos também as chagas vivas, os males íntimos com os quais sofre a nossa desafortunada pátria. Contrastando com as virtudes heroicas dos nossos soldados, com a expectativa estoica e laboriosa das pessoas da retaguarda, escândalos políticos estouraram, expondo a falência de certas consciências, o completo esquecimento da lei do dever e da lei das responsabilidades.

Não hesitamos em buscar a causa desses males no ensino confuso que dispensa o Estado às gerações, ensino desprovido de ideal, de grandeza, de beleza moral, incapaz de retemperar os caracteres, de prepará-los para as duras necessidades da existência. Daí resulta que em nosso mundo velado de tristeza, afogado em sangue e lágrimas, muitas almas se entregaram às oscilações da incerteza, da paixão, e, com muita frequência, até à dúvida e ao desespero.

É certo que sob o golpe das provações, sentimos nascer, por toda a parte, um vago desejo de crer; mas ninguém sabe a que fé se apegar. As afirmações dogmáticas, fundadas em textos cuja autenticidade é contestável, já não têm mais vez. Só o espiritismo, pelas provas que fornece da sobrevivência, pela demonstração experimental de que a vida é um dever sempre renascente e de que sobre nós recaem todos os nossos atos, pode introduzir no ensino nacional elementos suficientes de renovação.

Tornou-se evidente para todo pensador que as sociedades

humanas jamais atingirão o estado de paz e de harmonia por meios políticos, mas antes pela reforma interior e individual, ou seja, por uma educação, um treinamento moral que melhore a coletividade, aperfeiçoando cada individuo. Não bastam as leis, os decretos, as convenções; é preciso um ensino que fixe o papel e o lugar do ser no Universo, que assegure a disciplina moral e social, sem a qual não há nem força nem estabilidade para um país. O mesmo é válido para a liberdade, cuja realização só é possível quando ela se alia à prudência, à sabedoria e à razão.

Nos seus elementos essenciais, a doutrina dos espíritos nos proporciona os recursos necessários para se fundar esse ensino. Ela demonstra que a liberdade tem o seu princípio no livre arbítrio do homem, mas que este livre arbítrio é sempre proporcional aos nossos méritos e ao nosso grau de evolução. Assim, esta doutrina lhe dá uma espécie de consagração. Somente quando ela irradiar pelo mundo, veremos cessar as lutas bárbaras que ensanguentam periodicamente o nosso planeta atrasado.

Poderíamos, pois, dizer que os vulgarizadores do espiritismo são os melhores artesãos da paz universal na tarefa a que se entregam, tarefa de que só conhecem as asperezas, sem dela recolherem, ainda, nem as alegrias nem os frutos. Mas, quando o ódio deixar de reinar, soberano, na Terra, a História há de saudar esses bons operários do pensamento: a liberdade guardará a memória dos que fixaram as suas bases, traçaram o seu caminho, facilitaram sua expansão.

Capítulo 16

O espiritismo e a ciência

Agosto de 1918

Allan Kardec, em suas obras póstumas, afirmou que o futuro pertencia ao espiritismo. Após meio século de provações e de labor, esta afirmação verifica-se hoje, e podemos repeti-la com a certeza que tais palavras de esperança e de fé profunda não serão desmentidas.

Diremos por nossa vez: o futuro pertence ao espiritismo; saibamos prepará-lo.

Quais são os progressos realizados pelo espiritismo?

Primeiramente, constatamos que a própria ciência oficial está a tal ponto enfraquecida que terá necessidade de reformar os seus métodos, de renovar os seus sistemas.

Já há cinquenta anos os espíritos nos ensinam teoricamente e nos demonstram experimentalmente, sob o nome de fluidos, a existência de estados sutis da matéria e de forças imponderáveis que os sábios rejeitavam com unanimidade.

O primeiro dentre eles que os constatou foi Sir W. Crookes, e por suas experiências espíritas, como o estabelece o seu livro: *Pesquisas sobre os fenômenos do Espiritualismo*, ele encontrou o caminho dessa descoberta.

Desde então, a ciência, a cada dia, não cessou de reconhecer a variedade e o poder dessas forças: Rœntgen, com os raios X; Becquerel, Curie, Le Bon, descobrindo as energias intra-atômicas; Blondlot, os raios N. Somos obrigados a constatar que as forças radioativas não emanam somente dos corpos materiais, mas também dos seres vivos e pensantes. É uma preparação para a constatação da vida invisível e do perispírito.

Allan Kardec, em suas obras, já afirmava a existência de tais forças. Dessas descobertas resulta que todas as bases da física, da química e mesmo da psicologia foram subvertidas. O espiritismo beneficia-se amplamente com as comprovações recentes feitas neste campo. A ciência reconhece hoje a existência de todas as forças sutis colocadas em ação pelos espíritos nas manifestações.

Lembremos o fenômeno dos transportes de objetos, a reconstituição espontânea de objetos diversos em aposentos fechados, os casos de levitação de móveis e de pessoas vivas, as experiências de penetração da matéria pela matéria, que foram feitas por Aksakof, Zöllner e outros em anéis de metal e tiras de pano seladas.

De modo mais geral, a passagem dos espíritos através das paredes; as aparições, as materializações em todos os graus, todos estes fatos demonstraram desde o principio a ação de forças prodigiosas, então desconhecidas; a possibilidade de uma dissociação da matéria, até então ignorada, e que a ciência atual é forçada a admitir, após os trabalhos de Curie, Becquerel, Le Bon etc.

Um escritor católico, em um livro recente, no qual, através da rudeza da forma, deixa-nos perceber em cada página o móbil interessado do autor[1], objeta-nos que, bem antes de Kardec, outros inovadores tinham assinalado a existência do fluido humano, por exemplo, Mesmer com a sua famosa selha. Foram esquecidos, sem dúvida, o acolhimento sarcástico que se deu a essa inovação e a hostilidade violenta das corporações sábias a seu respeito. Essa hostilidade persistiu a tal ponto que não seria necessário retrocedermos muito para nos lembrarmos das zombarias de certas academias a respeito do magnetismo.

Foi preciso todo o gênio de um Crookes para arrombar portas que continuavam hermeticamente fechadas.

O que os sábios, durante tanto tempo, se obstinavam em negar, os espíritas o conheciam e admitiam há mais de cinquen-

---
[1] *Le Merveilleux spirite*, de Lucien Roure.

ta anos. Eles não cessaram de prosseguir na demonstração e na prova experimental. Apontam-me neste momento as descobertas de dois investigadores lioneses que acharam a maneira de reproduzir, por meio da espectroscopia e dos raios ultravioletas, a fotografia dos duplos fluídicos de membros amputados e até mesmo do duplo inteiro de um médium exteriorizado.

De tais pesquisas e experiências resulta forçosamente uma modificação profunda das teorias clássicas sobre as forças e sobre a matéria; o dogma do átomo indivisível desmorona, e, com ele, toda a ciência materialista. Esta se acha em desorganização completa. Que isso seja comprovado por esta declaração do presidente de um *Congresso para o avanço das ciências*, pouco antes da guerra, o senhor Laisant, ex-deputado do Sena, e a quem pessoalmente conhecemos como fiel discípulo de Augusto Comte, isto é, como positivista:

Desde nossa infância, vivemos uma vida científica tranquila, contentes com nossas teorias como de uma velha casa um tanto deteriorada, à qual estamos apegados pelo hábito, que amamos e na qual habitamos. E depois, eis que sobrevém o tufão sob a forma de fatos novos, inconciliáveis com as teorias admitidas. As hipóteses são derrubadas, a casa desaba e ficamos inteiramente desorientados e tristes na expectativa de novas borrascas, e sem saber o que fazer.

Que confissão de impotência e esterilidade há nestas palavras!

Quando estudamos a marcha do espiritismo, somos levados a constatar que, pouco a pouco, de etapas em etapas, apesar de suas hesitações e repugnâncias, a ciência aproxima-se gradualmente das teorias espíritas.

Em física e em química, ei-la reconhecendo a existência da matéria sutil, radiante e das forças radioativas, que são a própria base, o substrato e o modo de manifestações do mundo invisível.

E agora em psicologia, ela é obrigada, a aceitar o hipnotismo e a sugestão, depois de tê-los negado durante muito tempo. Depois, foi a telepatia e a transmissão de pensamentos. Ora, o que são tais fatos senão a demonstração no domínio humano, experimental, do princípio afirmado, aplicado há cinquenta anos pelos espíritos: a ação possível da alma sobre alma, em todas as distâncias, sem o auxílio dos órgãos e do cérebro.

A ciência oficial que, sobretudo, se inspirava nas teorias materialistas, repelia *a priori* essa explicação. Há ainda poucos anos, ela rejeitava toda possibilidade de manifestação da inteligência fora do cérebro, e consequentemente, todo meio para um ser se comunicar com outro ser fora dos órgãos e das vias ordinárias da sensação.

Hoje a ciência é obrigada a reconhecer os fatos de telepatia e de transmissão dos pensamentos. E, ao reconhecê-los, ela dá um passo considerável para frente e dá um golpe mortal no materialismo.

A telepatia demonstra a comunicação possível entre dois seres sem a ajuda dos sentidos psíquicos, como a sugestão demonstra a influência possível de um espírito sobre outro sem o auxílio dos órgãos. Essas influências e essas funções estão comprovadas por milhares de experiências. Desde então e por isso mesmo, a teoria materialista está enganada e a ciência já andou metade do caminho para admitir como possível a comunicação entre os homens e os espíritos. Esta segunda metade do caminho ela a percorrerá pelo estudo da mediunidade.

Ora, essa renovação potente da psicologia, que ensinará o ser humano a se conhecer melhor, a quem a ciência deverá? Aos espíritas, aos magnetizadores que foram os primeiros a chamar a atenção dos pesquisadores para os atos de sugestão, de telepatia, de transmissão de pensamentos e que forçaram de certa maneira a evolução científica a orientar-se nessa via que conduzirá forçosamente ao espiritismo.

Um fato significativo já nos mostra o caminho percorrido no meio docente. O doutor Geley pôde realizar no Colégio de França, sob os auspícios do Instituto Psicológico e perante um auditório de elite, em 28 de janeiro de 1918, uma conferência sobre os fenômenos psíquicos, na qual ele afirmava a realidade das materializações de espíritos.

Como sabemos, o Colégio de França é a mais alta expressão do ensino superior. Os seus professores estão entre os mais ilustres. Renan, Michelet, Claude Bernard, Berthelot ocuparam suas cátedras. Hoje ainda toda a Paris intelectual lá acompanha com apaixonado interesse os cursos dos professores Bergson,

Izoulet, Réville, Camille Jullian etc. O programa, o objetivo do Colégio de França é vulgarizar, tornar públicas as novas descobertas e os trabalhos recentemente efetuados em todos os campos do saber humano. A conferência do doutor Geley é, pois, um acontecimento importante, uma espécie de consagração oficial dos nossos estudos e das nossas pesquisas.

* * *

Aplaudindo o movimento que impele os homens instruídos ao estudo dos fenômenos psíquicos, não podemos, entretanto, afastar de nós certa apreensão, ao pensarmos nas prevenções às inveteradas rotinas que reinam em certos meios acadêmicos. Ainda há muitos cientistas que querem impor a esses fatos as mesmas regras das combinações físicas e químicas. Mas é um ponto de vista errôneo e repleto de consequências desastrosas considerar tais experiências como um domínio cujos elementos e forças se representam sempre idênticos e de modo que sejam dispostos à nossa vontade. Expomo-nos, assim, a inúteis pesquisas ou a resultados incoerentes.

Na ordem psíquica, as condições de experimentação são absolutamente diferentes; tudo é incerto e mutável. Os resultados, de acordo com a composição dos círculos e as influências reinantes, podem variar até o infinito. Os esforços dos psiquistas oficiais correriam o risco de se tornar estéreis, se persistissem em modos de ver tão pouco conformes com a realidade.

Precisamos reconhecer: devemos aos sábios ingleses o impulso vigoroso do novo espiritualismo no mundo. As qualidades de observação, os métodos prudentes, a perseverança de um Crookes, de um Russell Wallace, de um Myers, de um Lodge, estão acima de qualquer elogio; mas o que é ainda mais admirável é a coragem moral que permitiu a esses homens eminentes fazer frente durante vinte anos às hostilidades conjuradas das Academias e das Igrejas; obrigarem, finalmente, a opinião pública a inclinar-se diante seus trabalhos e aceitar-lhes as conclusões. Crookes, entre outros, jamais variou os seus julgamentos sobre as aparições de Katie King. A despeito das insinuações de certos críticos mal-intencionados, ele escreveu e publicou, em diversas datas, cartas em que reproduz e, até acentua, as suas primeiras afirmações.

Não encontramos no mesmo grau essas qualidades nos cientistas dos outros países que se ocuparam do psiquismo. O próprio senhor Charles Richet, que é um espírito sagaz e aberto, após ter constatado tantas vezes os fenômenos que se produziam nas sessões de Eusapia Paladino e assinado as atas que atestavam a sua veracidade, não reconhecia que a sua convicção, a principio profunda, se enfraquecia e se tornava flutuante algum tempo depois, sob a influência dos hábitos de espírito contraídos no meio que lhe era familiar! Desde então, ele tornou-se mais categórico sobre a questão dos fantasmas.

O senhor Camille Flammarion também teve as suas horas de incertezas. Alguém nos faz notar que na última edição de seu livro *As Forças Naturais Desconhecidas*, de 1917, ele tende a explicar todos os fenômenos somente pela exteriorização dos médiuns.

Preferimos acreditar que, publicando a pesquisa que ele realiza neste momento sobre fatos da mesma ordem coletados no decorrer da guerra, nos dará explicações mais completas e mais satisfatórias.

Contamos, sobretudo, com a jovem ciência para garantir na França o espiritualismo experimental. Liberta dos preconceitos de escolas e das rotinas seculares, os seus representantes poderão compreender que para se triunfar nesta ordem de estudos é preciso estar-se animado com o espírito de imparcialidade, não mais assemelhar os médiuns aos histéricos, ter um sentimento mais respeitoso para com os seres inteligentes, embora invisíveis, que intervêm nos fenômenos e que têm tanto direito às nossas considerações quanto as pessoas humanas e, às vezes, até mais.

O doutor Geley e seus êmulos sabem que nestas questões só devemos tocar com reflexão e respeito, tendo sempre em vista que o mundo invisível é um imenso reservatório de forças e de inteligências e que, segundo as nossas disposições, tais forças estarão conosco ou contra nós.

O bem e o mal se encontram tanto no invisível como no visível; eles se chamam e se atraem tanto de um lado como do outro da morte, e o único meio de obtermos fenômenos elevados, fazermos do espiritismo uma ciência útil e um meio de progresso, é só abordarmos esse domínio com sentimento grave e recolhido.

A desenvoltura de certos experimentadores diante dos espíritos tem como consequência afastar as Entidades benfazejas e elevadas, susceptíveis de dar às sessões uma grande ajuda. Em contrapartida, ela atrai os desocupados do Espaço, sempre inclinados a nos mistificarem e até mesmo, provocarem obsessões temíveis, como as de que quase foi vitima o doutor Paul Gibier, por ele descritas em seu livro *Espiritismo ou Faquirismo Ocidental*.

A ciência tem as suas manias. Os velhos espíritas kardecistas ficam desconcertados com as denominações rebarbativas com que ela designa nossos fenômenos. Os nomes gregos de telecinesia, criptomnésia, ectoplasma e tantos outros análogos não lhes dizem nada que valha. É preciso, porém, curvarmo-nos aos hábitos dos cientistas, que sempre, à sua vontade, desbatizaram os atos novos e procederam a classificações frequentemente arbitrárias, que a natureza não conhece. Dizem-nos que tais procedimentos são necessários para introduzir um pouco de clareza nesses estudos. Devemos, pois, aceitá-los, mantendo o uso dos termos que nos são familiares e que o tempo consagrou.

Quaisquer que sejam os termos e os procedimentos adotados, não devemos perder de vista que no nosso mundo, em que tudo é relativo, não poderíamos atingir, em matéria alguma, a ciência integral e absoluta. É necessário experimentarmos com método e rigor, mas, por mais que façamos, não conseguiremos encerrar nas estreitas regras humanas a ciência do invisível. Ela sempre suplantará as nossas classificações com toda a grandeza com que o céu infinito domina a Terra. O conhecimento do Além, em seu conjunto, só pertence àqueles que nele se encontram. Podemos, ao menos, recolher seusclarões necessários para iluminar nosso percurso aqui na Terra.

Capítulo **17**

O espiritismo e a renovação das vidas anteriores.

Setembro de 1918

Entre as experiências que, dia a dia, aumentam o feixe das provas e dos testemunhos com os quais se enriquece o espiritismo, devemos citar as que têm por objeto a renovação da memória, ou seja, a reconstituição, no ser humano, das recordações anteriores ao nascimento. O indivíduo, imerso no sono hipnótico, desprende-se do seu invólucro carnal, exterioriza-se e, nesse estado psíquico, sente aumentar o círculo de sua memória normal. Todo o seu passado remoto desenrola-se em suas etapas sucessivas, à vontade do experimentador, podendo reproduzir, reviver as cenas capitais do passado e até os mais insignificantes acontecimentos.

Chamei, há pouco, a atenção do coronel de Rochas sobre os fatos desse gênero obtidos por experimentadores espanhóis e apresentados ao Congresso Espírita e Espiritualista de 1900, em Paris. O coronel, já conhecido por seus trabalhos relativos à exteriorização da sensibilidade e da motricidade, continuou suas pesquisas no sentido que eu lhe indicara e obteve notáveis resultados, embora diversos. O conjunto desses fatos está relatado em sua obra sobre as *Vies Successives* [*Vidas Sucessivas*].[1] Os obtidos em Aix-en-Provence, na presença do doutor Bertrand, prefeito dessa cidade, e do senhor Lacoste, engenheiro, cujos testemunhos anteriores recolhi durante um ciclo de conferên-

---
1 Librairie des Sciences Psychiques, 42, rue Saint-Jaques, Paris.

cias, reúnem sérias garantias de autenticidade. Nessas sessões, a pessoa adormecida, uma jovem de dezoito anos, reconstitui o curso de suas existências passadas e revive suas peripécias com um realismo e com uma vivacidade de impressões e de sensações que não podem ser simuladas, pois toda a imitação necessitaria de profundos conhecimentos patológicos, que a pessoa não podia possuir, de acordo com todas as testemunhas.

As experiências de Grenoble com outra pessoa, Josephine, permitiram o controle das condições de tempo e lugares onde desenvolveu uma existência anterior com o nome de Bourdon.

Em compensação, muitas de outras narrativas contidas no mesmo livro parecem-nos serem menos certas, menos aceitáveis, e devidas, em grande parte, à imaginação do médium, elemento contra o qual devemos sempre nos acautelar no estudo desses fenômenos. O coronel Rochas nem sempre foi feliz na escolha dos seus médiuns. As informações coletadas em Valença e em Hérault mostram que, entre elas, algumas se revelaram pouco dignas de sua confiança.

Desse livro ressaltam-se, entretanto, certas observações que julgamos poder reproduzir aqui:

> As recordações – diz o autor – concentram-se em acontecimentos mais ou menos remotos, à medida que a hipnose se aprofunda.
> Quanto mais profundo é o sono, a sugestão tem menos influência. Ao despertar, o individuo não guarda nenhuma lembrança do que disse nem do que fez.
> Cada vez que o individuo passa por uma vida diferente, a fisionomia se transforma de acordo com a personalidade. Tratando-se de um homem, a palavra, o tom, as maneiras diferem sensivelmente do tom e dos gestos de uma mulher; o mesmo acontecendo quando ele passa pela fase da infância.

Já os experimentadores espanhóis dos quais falamos mais acima, haviam feito a mesma constatação. À medida que os médiuns retomavam, no transe, o curso de suas existências passadas, a expressão do olhar tornava-se cada vez mais selvagem.

O coronel de Rochas relata as impressões pessoais experimentadas em Roma e Tívoli, a respeito do que ele considera reminiscências de vidas anteriores. Enfim, termina a sua obra com a seguinte declaração: "A teoria espírita está apoiada em bases sólidas e é, em qualquer caso, a melhor das hipóteses de estudo que já foram formuladas".

Devo confessar que, por muito tempo, tomei parte em experiências semelhantes, com a diferença de que, em vez de atuar fluidicamente sobre os médiuns, deixava aos meus protetores invisíveis o cuidado de adormecê-los, limitando-me a estimulá-los com minhas perguntas e observações. Com efeito, seria um erro supor que é indispensável o concurso de um magnetizador. Se sua pureza não for completa, sua intervenção pode ser, ao contrário, prejudicial, introduzindo nas sessões um elemento perturbador que compromete a sinceridade dos resultados.

Quando estamos certos de uma proteção eficiente do Além, é melhor deixarmos às entidades invisíveis a direção das experiências. Os meus guias deram-me provas suficientes do seu poder, do seu saber e da sua elevação, para que a minha confiança neles fosse absoluta. Se aqui não faço referência aos pormenores dos fatos obtidos nessas condições, é porque com eles se mistura um elemento pessoal e totalmente íntimo que me tira a liberdade de divulgá-los.

* * *

As experiências do coronel de Rochas e as de mesma natureza de que acabamos de falar, devem ser consideradas principalmente como testes, tentativas de reconstituição de recordações de vidas passadas, pois os resultados são ainda parciais e restritos. Mesmo que não vejamos nelas senão um início, é preciso reconhecermos que nos fornecem indicações preciosas relativas aos procedimentos a serem empregados. Elas nos demonstram que há um vasto campo de investigações, um conjunto de elementos suscetíveis de renovarem toda a psicologia, dissipando o mistério vivo que em nós trazemos.

Tais experiências são delicadas e complicadas e exigem muita prudência, em razão das causas de erros que elas encontram. Podemos ler na *Revista Espírita* de julho de 1918 as instruções do espírito W. Stead sobre os métodos aplicáveis a esse gênero de pesquisa. Não insistiremos, pois, neste ponto, mas voltaremos às imensas consequências que dele decorrerão quando tais estudos tiverem adquirido suficiente desenvolvimento. Não poderíamos negar que existe aí o germe de uma verdadeira revolução da ciência do ser.

É um fenômeno impressionante vermos, nas experiências bem dirigidas, o passado surgir paulatinamente dos cantos obscuros da nossa memória. Nos acontecimentos que o compõem, podemos acompanhar o encadeamento rigoroso das causas e dos efeitos que rege todos os nossos atos, que domina tanto o mundo moral como o mundo físico, e que é a trama, a própria lei dos nossos destinos. Com ela, a lei de justiça aparece, deslumbrante, e ninguém mais pode contestá-la.

As experiências têm, ainda, outra consequência, não menos importante. Elas nos ensinam que a personalidade humana é muito mais extensa e mais profunda do que imaginávamos. O homem possui não apenas elementos vitais pouco conhecidos, como também faculdades latentes, insuspeitadas, cuja manifestação plena e integral o nosso organismo não permite, mas que despertam, em certos casos: telepatia, premonição e visão à distância. O mesmo acontece com as camadas da nossa memória nas quais o passado está adormecido. Nas experiências de que falamos, este reaparece e sai da sombra. Nossa própria história desenvolve-se automaticamente; as recordações despertam em massa, e energias ocultas se revelam. Podemos reapoderar-nos delas e pô-las em ação para a boa direção de nossa vida, para a transformação de nosso futuro e de nosso destino.

A sanção de todas as coisas aí está, na consciência individual, imortal. A consciência reencontra-se no Além, já não restrita e abafada, como aqui, sob a carne, mas na sua plenitude, como ela nos aparece no transe, com uma intensidade tal que o ser evoluído revive o seu passado, com suas alegrias e suas dores, com tal poder que se torna para ele uma fonte de felicidades ou de tormentos.

Eis aí o que todo homem deve saber e saberá um dia. O espiritismo terá feito nascer essa ciência profunda do ser, pois foi o primeiro a orientar para ela a atenção dos pesquisadores sobre os lados misteriosos e inexplorados da nossa natureza. Ele terá ensinado o homem a medir a extensão do seu poder, de toda a sua grandeza, de todo o seu porvir.

Não há, pois, exagero em dizermos que o espiritismo, após cinquenta anos de existência, exerce e exercerá cada vez mais uma influência crescente e trará transformações consideráveis à ciência, à literatura e até no seio das igrejas, como vamos mostrar em próximo artigo.

* * *

A grande doutrina das vidas sucessivas da alma, afirmada na França por todos os espíritos em suas mensagens e comunicações, constitui uma revelação, um ensinamento filosófico de alta importância. Baseia-se, também, em testemunhos quase universais, já que, com exceção do neocristianismo, todas as religiões e quase todas as filosofias admitem-no em princípio. Além disso, beneficia-se com a possibilidade, que só ela possui, de resolver logicamente as anomalias aparentes e os problemas obscuros da vida.

É verdade que, no campo das provas e dos fatos, tal doutrina não tinha, até o presente, no seu ativo senão as reminiscências de determinados homens especialmente dotados, recordações infantis e renascimentos ocorridos em condições anunciadas e precisadas antecipadamente. Graças aos fenômenos de renovação da memória, eis que um vasto campo de exploração se abre em seu benefício. Nessas experiências, ela obterá a força e a certeza necessárias para enfrentar e desafiar todas as críticas e todos os ataques.

À medida que nossas etapas se desenvolvem no transe, aprendemos melhor o encadeamento dos destinos do ser. Por exemplo, a lei de evolução diz respeito, com mais evidência, ao conjunto de nossas vidas individuais do que à história das nações, sendo estas, muitas vezes, impelidas para abismos, pela ambição desmedida dos soberanos e dos déspotas, como ora acontece.

Nos fenômenos de que nos ocupamos, é curioso vermos a personalidade humana emergir gradualmente da vida selvagem, depois da barbárie, para, pouco a pouco, iluminar-se ao raiar da civilização. A livre vontade do homem exerce-se frequentemente de encontro à lei do progresso, entravando-a; entretanto, os seus efeitos são mais sensíveis para o indivíduo do que para as coletividades que se renovam de tempos em tempos por elementos inferiores vindos de mundos mais atrasados do que a Terra.

O mesmo acontece, já o dissemos, com a ideia de justiça, que encontra na sucessão de nossas vidas a sua inteira aplicação. As recordações demonstram que todas as nossas existências são solidárias umas com as outras e unidas entre si pelo elo de causa e efeito. Poderíamos comparar cada uma delas a uma corrente que carreia ora o lodo e a lama, ora as pepitas de ouro e as pedras preciosas que trazemos das vidas anteriores.

Todo ato importante tem, cedo ou tarde, sobre os nossos destinos repercussão inevitável. Um devasso sedutor deverá renascer no outro sexo para sofrer, por sua vez, os danos por ele causados. Um homem, detentor de um segredo de Estado e que traiu seu país, voltará surdo e mudo. Outros, mais culpados ainda, serão, desde a infância, atingidos pela cegueira. Cada falta grave acarreta uma privação de liberdade que se traduz pelo internamento das almas em corpos disformes, enfermos e franzinos.

Não deveis disso concluir que todos os enfermos são criminosos do passado! Muitos bons espíritos, sabendo que as provações contribuem para o nosso aperfeiçoamento, escolhem vidas difíceis e dolorosas, para subir um degrau na hierarquia espiritual. É preciso que saibamos sofrer para nos juntarmos às nobres almas que se purificaram pela dor, sofrer para que adquiramos o direito de participar de suas existências, do seu trabalho e da sua missão. Acima de tudo, a vida é um meio de educação e de elevação, e a provação é o cadinho onde se apuram e aperfeiçoam os seres. Não temos diante de nós os exemplos sublimes dos mártires de todas as grandes causas, os exemplos de Joana na prisão e o de Cristo no Calvário estendendo os braços sobre o mundo, do alto da cruz, para perdoar e abençoar? Não eram culpados, mas espíritos heroicos que, nos dando uma grande lição, aspiravam a subir mais alto na vida celeste!

* * *

A reconstituição das lembranças está de acordo, pois, com as revelações dos espíritos para, em muitos casos, nos mostrarem no padecimento humano, a reparação dos erros cometidos, o resgate do passado, o meio pelo qual se realiza a soberana justiça.

Cumprida a reparação, o ser prepara-se para novos progressos; mas a sua memória não desaparece integralmente. Ao apelo do espírito, nossos atos reaparecem e revivem com uma intensidade espantosa. Que emoção quando, evocando o passado, ele vê desfilar diante do tribunal da consciência o cortejo das más recordações. Como escapar a essa obsessão, aos arrependimentos, aos dolorosos remorsos?

Chegado ao ocaso da vida, o homem passa em revista os fatos que constituem a sua trama; quantos motivos para amargura e sofrimento moral aí não encontra! O que não seria para o espírito que abraça e sonda, nos seus mínimos recônditos, a longa série das existências percorridas?

No início, pouquíssimas almas jovens, em sua fraqueza e ignorância, puderam evitar as quedas, as fraquezas e até os crimes. Para tais males só há um remédio: acumular tantas vidas úteis e fecundas, tantas obras de dedicação, de sacrifício, para que as faltas originais, se comparadas a estas, representem uma quantidade insignificante.

Para o espírito, as recordações mais longínquas continuam vivazes, assim como para o velho as impressões de sua infância terrena. É que, em sua essência, o espírito escapa ao tempo. Entregue à vida do Espaço, o tempo não mais existe: o passado e o futuro confundem-se no eterno presente.

Essa persistência das lembranças tem a sua utilidade moral. Durante sua ascensão, o espírito adquire faculdades e forças de que poderia envaidecer-se se não se lembrasse do pouco que foi e do mal que praticou. Ao mesmo tempo em que essas lembranças são um corretivo para as veleidades de orgulho, elas são, também, motivos de indulgência para com os erros e as fraquezas alheios. Com efeito, como poderíamos ser severos, impiedosos para com as fraquezas que nós mesmos conhecemos?

Em geral, as vidas culpadas, pelas reparações que acarretam, tornam-se, para o ser, alguns dos estimulantes, algumas das chicotadas que o obrigam a avançar na via do progresso, ao passo que as vidas apáticas, incolores, hesitantes entre o bem e o mal, são para ele de pouco proveito. Graças às existências de lutas e de provações, os caracteres tornam-se mais fortes, a experiência se forma, as riquezas da alma desenvolvem-se; o mal, aos poucos, transforma-se em força para o bem. Em nossa evolução imensa, tudo se transforma, se purifica e se eleva. Uma vez que atingimos as alturas celestes, os elementos de nossas vidas fundem-se em uma unidade harmoniosa e divina.

Capítulo 18

O espiritismo e as Igrejas

Outubro de 1918

Para qualquer observador atento, a penetração do espiritismo na ciência tornou-se um fato evidente. O mesmo ocorre nos meios religiosos mais diversificados, onde a sua difusão, por ser menos aparente, não deixa de ser real.

No que tange à Igreja católica, tal afirmação parecerá temerária, no dia seguinte às declarações do Santo Ofício, embora ainda perdure a campanha violenta movida contra nós pelo clero. Entretanto, a despeito desses ataques, seria fácil afirmar que, pouco a pouco, o espiritismo se infiltra nos elementos que julgaríamos ser os mais refratários e os mais ortodoxos.

Tal movimento foi provocado, há cerca de vinte anos, pelo monsenhor Méric, professor da Sorbonne, cuja revista, *Le Monde Invisible [O Mundo Invisível]* se ocupava exclusivamente de ciências ocultas. Apesar de certas críticas meramente formais, podia-se ver que o erudito prelado apaixonava-se pelas pesquisas desse gênero, tendo feito escola. Convém assinalarmos, no mesmo sentido, o livro do abade Bautain, célebre por suas conferências em Notre Dame. Sabemos que o cardeal Perraud, bispo de Autun e membro da Academia Francesa, dedicava-se assiduamente à experimentação dos fenômenos. Havia poucas dioceses em que grupos de eclesiásticos não empreendessem as mesmas investigações.

Em nossa resposta ao cônego Coubé[1] reproduzimos os testemunhos de eminentes prelados em favor do espiritismo. Poderíamos acrescentar outros, mas nos limitaremos a citar o do mais célebre orador do púlpito católico desde Lacordaire, o padre Didon. Em suas *Cartas à senhorita Th.V.*, publicadas em 1902 por Plon-Nourrit, com a autorização da Ordem dos Irmãos Pregadores, ele escrevia:

> Creio na influência divina que os mortos e os santos exercem misteriosamente sobre nós. Vivo em comunhão profunda com esses invisíveis, e experimento, deliciado, os benefícios da sua secreta vizinhança. Por mais que se multipliquem os séculos, eles não impedirão que as almas da mesma raça se visitem e se amem.

Acrescentemos, para maior precisão, que em sua instituição de Arcueil, o eloquente dominicano comprazia-se em interrogar as mesas. Temos sobre esse ponto o testemunho formal do nosso amigo senhor Touzard, membro do Conselho Superior da Agricultura, que várias vezes participou dessas experiências.

Esse movimento não se desacelerou, está apenas mais discreto. Hoje, como naquela época, estuda-se e experimenta-se no meio católico, mas fora deste, nada transpira. Continuo a receber cartas e visitas de eclesiásticos que me interrogam sobre os problemas de Além-túmulo.

O pensamento e a consciência de muitos sacerdotes são agitados pelas correntes contrárias, mas a disciplina de ferro que pesa sobre eles impede qualquer manifestação exterior. Não devemos, porém, fiarmo-nos nesse silencio enganoso. O descontentamento é fomentado secretamente nos espíritos e bem sabemos que as forças demasiado comprimidas produzem às vezes explosões. Esse descontentamento, causado primeiro pela reação antimodernista contra todos os que queriam introduzir um pouco de ar e de luz no sombrio cárcere da Igreja Romana, ainda aumentou ao longo da guerra. A atitude da Santa Sé, contrastando com o devotamento patriótico do baixo-clero, causou indignação, As opiniões de Bossuet, as proposições galicanas não estão tão afas-

---
[1] Vide nosso opúsculo *Le Spiritisme et les Contradictions du Clergé catholique* [Traduzido em português com o título *O Espiritismo e o Clero Católico*], Librairie des Sciences psychiques, 1918.

O Mundo Invisível e a Guerra

tadas de nós e tão esquecidas para que não possamos retomá-las e realizá-las. A Igreja da França lucraria ao se desligar de um poder mais preocupado com os próprios interesses materiais do que com o verdadeiro espírito do Evangelho.

* * *

Falaremos da obra do cônego L. Roure, *Le Merveilleux Spirite* [*O Maravilhoso Espírita*], publicada em 1917. É um dos maiores projéteis que foram lançados durante a campanha católica contra os espíritas, mas que não produziu os resultados esperados. Deslizando silenciosamente na noite, não causou nenhuma explosão e não atingiu o seu alvo. O autor diz ser redator dos *Études* [*Estudos*], obra de publicidade e de propaganda, fundada, como todos os sabem, pelos padres jesuítas. Não devemos buscar nesse volume as belas páginas coloridas que sabiam escrever o erudito e sagaz abade Méric ou o eloquente padre Didon. Seu estilo é, antes, apagado e estéril. Salvo algumas críticas fundamentadas, o que o caracteriza acima de tudo é a vontade de incompreensão, a difamação sistemática, coisas que tiram o valor da tese que se encontra desenvolvida. O autor não demonstra o equilíbrio e o sadio julgamento que um padre deveria possuir para analisar uma ciência, uma doutrina eminentemente espiritualista. A sua intenção revela-se nos últimos capítulos, que são consagrados a uma apologia do catolicismo.

Uma vez, porém, sua opinião preconcebida cede e escapa-lhe uma confissão diante da força da verdade, como podemos ler na página 297:

> O que fez o sucesso do espiritismo foi que ele trazia às almas inquietas uma resposta de imortalidade; prometia aos corações enlutados o prolongamento das suas relações com os desaparecidos. E não negaremos que tenha dado, de fato, a alguns, a segurança que em vão buscaram em outras partes, o lenimento às dores até então inconsoladas.

Os argumentos de nossos contraditores católicos tendem a fazer tábua rasa de todas as provas e dos testemunhos científicos favoráveis ao espiritismo. Para eles, W. Crookes e os cientistas experimentadores que lhe seguiram o exemplo foram todos enganados, Allan Kardec não foi mais do que um inventivo e pobre compilador, e tudo o que pode ser real em nossos fenômenos, deve ser atribuído aos artifícios do demônio. Esquecem-se de que foi do próprio seio da Igreja que se elevaram os mais formais testemunhos em favor da manifestação dos defuntos. Lembramos ao padre Coubé que, desde Santo Agostinho até Lacordaire e o padre Didon, um bom número de sacerdotes ilustres se pronunciaram nesse sentido.

Os fatos espíritas, como demonstramos em outro lugar,[2] encontram-se na origem da Igreja cristã e em todos os séculos da sua história. Foi de sua relação com o invisível que essa Igreja extraía, em grande parte, a sua força moral e a sua autoridade. Mas, pouco a pouco, a preocupação com seus interesses materiais fez com que perdesse as suas tradições do cristianismo primitivo. A Igreja pretendeu colocar-se no lugar dos poderes superiores; depois de ter procurado apoderar-se das manifestações de Além-túmulo em seu proveito, acabando por proscrevê-las e a Idade Média apresenta-nos o longo martirológio dos médiuns e inspirados. O padre tornou-se o árbitro dos destinos humanos. Ele acreditara poder dirigir o mundo pelo terror, pelo medo do inferno e dos suplícios eternos. Mas um dia, a consciência humana revoltou-se contra alegações que perpetuam o erro a respeito do futuro que Deus reserva aos seus filhos. A atual situação da Igreja, os seus fracassos e a sua impopularidade são consequência de seus erros, o resultado da sua intolerância e do seu afastamento das grandes verdades eternas.

Quanto aos fatos espíritas, sempre continuaram e continuarão a se produzir em todos os meios, afirmando a sobrevivência da alma, a justiça de Deus e a comunhão dos vivos e dos mortos. Nenhum poder humano seria capaz de opor barreiras a essa vida invisível que nos envolve, nos encerra e nos invade por todos os lados. Os eclesiásticos esclarecidos o sabem e desaprovam a presente campanha, pois – dizem eles – ela só pode voltar-se contra os seus autores. Estes, chamando a atenção dos fiéis para tais questões, provocam o seu estudo e o seu exame.

---
2 Vide nossa obra *Cristianismo e Espiritismo*.

A verdade surge e estabelece-se a pouco e pouco nos espíritos. Com efeito, o espiritismo nada tem a temer da discussão nem da análise; sempre saiu vitorioso dos ataques de que era alvo. Assim, muitos padres, negando-se a tomar parte nesse conflito, buscam em segredo, um meio de conciliação, uma "ponte" que poderá unir duas doutrinas até então antagônicas. Garantem tê-la encontrado na noção do purgatório. Esperam que, cedo ou tarde, o advento de um papa mais liberal, de visão mais ampla, ou então uma reviravolta na Igreja da França permitirá fazer penetrar nesse corpo debilitado um pouco do grande sopro vivificador do Além.

* * *

As Igrejas protestantes são, em geral, mais tolerantes do que o catolicismo às influências exteriores, mais abertas às correntes do pensamento e da ciência. Sem dúvida, elas também possuem seus adeptos ortodoxos, seus pietistas, que não são absolutamente menos intolerantes e menos retrógrados do que os Jesuítas. Mas a plena liberdade que nelas se tem para estudar e interpretar os textos contribui com muita força para o progresso das inteligências.

Há muito tempo que na Inglaterra e na América, os pastores não se recusavam a citar os fatos espíritas para demonstrarem a sobrevivência da alma. Na França e na Suíça romanda,[3] o protestantismo liberal impregna-se lenta e fortemente de espiritismo. Neste ponto, nosso respeitável amigo, o pastor A. Bénézech, de Montauban, deve ser considerado como um verdadeiro iniciador. Rompendo com as rotinas e os preconceitos de seu meio, não teve receio de afirmar, alto e bom som, a realidade das manifestações de Além-túmulo. As suas experiências pessoais e as provas que obteve das identidades dos defuntos são relatadas em dois volumes, cujo sucesso[4] foi garantido por seu talento de escritor, por seu estilo sóbrio e claro. Já em 1903, ele me escrevia:

---

3 Suíça francesa.
4 *Les Phénomènes psychiques et la question de l'Au-delà; - Souffrir, Revivre* [*Os Fenômenos Psíquicos e a Questão do Além: Sofrer, Reviver*]. – Paris, librairie P. Leymarie. [*Os Fenômenos Psíquicos e a Questão do Além*].

> Pressinto que o espiritismo bem poderia tornar-se uma religião positiva, não à maneira das religiões reveladas, mas como religião baseada em fatos experimentais e plenamente de acordo com o racionalismo e a ciência.

Graças ao senhor Bénézech, pude realizar, em 1905, na prefeitura de Montauban, uma conferência sobre o espiritismo para um seleto público. No ano seguinte, foi no grande anfiteatro da Faculdade de Teologia daquela cidade, em presença de um auditório de estudantes, professores, pastores e convidados. Como a conferência permitia discussões, muitas perguntas me foram feitas pelos assistentes, que pareciam interessar-se vivamente pelos problemas psíquicos. Essa reunião, considerada um acontecimento, teve consequências, pois eu soube, posteriormente, que diversos estudantes haviam escolhido o Espiritismo como tema da sua tese de conclusão.

O movimento não diminuiu, e a ideia espírita continua se propagando entre os protestantes franceses. Hoje, seria difícil fixar o número considerável dos que adotaram as nossas crenças. As linhas essenciais da doutrina kardecista encontram-se no pensamento dos mais eminentes representantes da religião reformada.

O pastor Charles Wagner que acaba de passar ao Além, após uma fecunda vida terrena, encontrava-se nesse caso. Foi também, como sabemos, um dos homens que exerceram a mais salutar influência sobre o nosso tempo e o nosso país. Todo mundo conhece os seus livros: *A vida simples, Juventude, O Amigo* [*La vie simple, Jeunesse, L'Ami*], entre outros, nos quais, com estilo colorido, quente, comovente, ele se ergue aos mais elevados cimos morais. E, no entanto, tais obras não são mais que um reflexo daquela alma brilhante. Para julgá-la totalmente, faz-se necessário ouvirmos os seus discursos improvisados e animados pelo sopro da inspiração. Pacifista antes da guerra, no sentido cristão, seu patriotismo revelara-se ardente desde os nossos primeiros reveses. É reconfortante a leitura dos seus últimos sermões, nos quais o grito do sofrimento humano se mescla aos acentos da mais nobre fé religiosa.

Charles Wagner afastara-se de todo espírito sectário e possuía amigos em todos os campos: entre os padres católicos, os rabinos e os livres pensadores espiritualistas. Também o espiritismo não lhe era estranho, já que em 21 de fevereiro último, ele me expunha seus pontos de vistas nos seguintes termos:

> Creio com toda minha alma na presença dos nossos queridos invisíveis. Deles faço a minha companhia habitual e ando cercado do seu pacifico e sorridente cortejo. Em sua memória, gosto de cultivar o que eles amaram, e agora, quando tantos jovens heróis transpuserem a barreira que serve de limiar ao mundo invisível, considero toda obra justa e boa como um depósito que eles nos deixaram e que se torna sagrado pelo seu sacrifício. A santa sociedade dos vivos e dos mortos, a continuação, entre nós, da influência dos que nos precederam; a perspectiva de uma ascensão dos seres através das dores, dos erros e das faltas, para uma superior claridade, um aperfeiçoamento do que apenas começou em nós, tudo isso é a minha fé viva e que rogo a Deus todos os dias que aumente. Pelo Evangelho, amplamente compreendido e praticado, e por todas essas aspirações que estou assinalando, sinto-me, pois, à vontade ao lado de vós, que não excluis ninguém, que tudo esperais e que dais o ar e o horizonte luminoso ao quadro da vida.

* * *

Desde os trabalhos de Agénor de Gasparin e do professor Thury, a Suíça romanda não cessou de se interessar pelas questões psíquicas. Em 1892, a Universidade de Genebra, que possui uma faculdade de teologia protestante, convidou-nos para fazermos duas conferências públicas sobre o espiritismo. Realizaram-se em 7 e 10 de novembro, no grande anfiteatro denominado *Aula* e foram seguidas de uma terceira, no cassino de Saint-Pierre, em que se lançaram as bases da Sociedade de Estudos Psíquicos de Genebra. Esta, por muito tempo, teve como presidente o distinto professor Daniel Metzger, o qual, coisa curiosa, e segundo um espírito digno de fé, era a reencarnação de Calvino. Os trabalhos dessa sociedade são dos mais notáveis e, por ocasião do Congresso Espírita de Genebra, em 1913, ela contava com cerca de 200 membros, quase todos pertencentes à religião reformada.

O professor universitário protestante Théodore Flournoy consagrou dois grossos volumes a um estudo do espiritismo, nos quais apresenta mais fantasia do que ciência imparcial. Todavia, precisamos reconhecer que, nos seus *Archives de Psychologie* [*Arquivos de psicologia*], o seu ceticismo, inicialmente zombeteiro, atenuou-se pouco a pouco para dar lugar a uma reserva prudente; às vezes até dirigindo elogios a pesquisadores ingleses, tais como Myers e Lodge.

Seu colega, o pastor Georges Fulliquet, professor da Faculdade de Teologia da Universidade, em grande livro intitulado *Les problèmes d'outre-tombe* [*Os Problemas de Além-túmulo*], vai muito mais longe. Escreve, por exemplo, na página 141:

> O pensamento espírita revela-se excelente para atenuar a emoção e a dor das separações, para produzir a resignação e a compreensão, para embotar o aguilhão do luto, para nos reconciliar com a morte.

O autor admite a doutrina das vidas sucessivas e da reencarnação como uma hipótese "importante e interessante por suas consequências e aplicações". Estende-se sobre este assunto e diz primeiramente na página 252:

> Uma vida única na Terra não pode, certamente, bastar para proporcionar à alma um desenvolvimento integral e a evolução completa aos quais ela aspira e tem direito; ninguém atingiu a perfeição, distando muito disso; é, pois, permitido dizer que ninguém chegou ao final sua educação, de suas provações, de suas experiências. Consequentemente, é preciso, então, que a morte, que não tem o poder mágico de tudo acabar, de tudo levar à perfeição, introduza a alma em uma nova vida de atividade e progresso.

O autor examina, a seguir, de que forma essa vida nova pode ser produzida, e escreve:

> É à Terra que voltará a alma, em uma reencarnação,

sob a forma de um homem novo, para aqui ter uma educação diferente e apropriada, mas após um intervalo mais ou menos longo de vida espiritual pura. É a teoria das encarnações sucessivas ou da pluralidade das existências terrenas.

E mais adiante acrescenta:

> Não é absolutamente impossível que a reencarnação na Terra forneça, às vezes, as circunstâncias mais favoráveis.

O senhor Fulliquet aproxima-se de nós em outros pontos. Falando dos fenômenos mediúnicos, ele constata que "pelo subliminar estamos em relação com todo um mundo espiritual".

Em certos casos de enfermidades, "a vida psíquica torna-se mais intensa e mais bela, parecendo augurar e predizer que a morte não a ameaça, pois não poderia atingi-la".

Depois de tais premissas, admiramo-nos de ver o autor adotar, finalmente, o ponto de vista atual, opinião em moda em alguns meios teológicos protestantes, ou seja, a teoria de Sabatier sobre a imortalidade facultativa. Segundo ele, nem todas as almas subsistem após a morte, mas somente as que atingiram um estado suficiente de "coesão" das faculdades e da consciência. Ora, não se podendo realizar tal estado senão em um determinado grau de evolução, após uma série de existências, resultaria daí que a maior parte das almas jovens, recém-criadas, desapareceria, e que, de um só golpe, grande parte da humanidade póstuma seria eliminada. Eis a que resultado chega uma concepção puramente imaginária, que não se apoia em nenhuma prova, em nenhuma verificação.

É evidente que o senhor Fulliquet quis levar em consideração os pontos de vista e os sentimentos que reinam em torno dele, granjear os interesses ou as simpatias e manter as boas relações. Tendo estudado o espiritismo nos grupos lioneses, tratou desse assunto, mas não ousou afirmar plenamente e alta voz o que intimamente pensava. Talvez, algum dia, venha a lamentar o fato de não haver seguido o belo exemplo dado por Bénézech ou por Charles Wagner. Seja como for, devemos assinalar as suas veleidades de franqueza e aprovar as suas boas intenções.

Como vemos, em muitos meios a mentalidade dos homens da Igreja está sendo trabalhada pelo espiritismo. Apesar das resistências e dos obstáculos, sua luz infiltra-se lenta, mas seguramente, no dédalo e na escuridão dos dogmas.

Forma e expressão do mundo invisível, o espiritismo representa a mais venerável das tradições filosóficas e religiosas, tanto a mais antiga como a mais moderna verdade. É a fonte de onde saíram todas as religiões, a fonte em que elas devem se fortalecer e se regenerar nas horas de decadência e sorver uma vida nova. É o socorro que o Céu presta à Terra, o processo pelo qual o pensamento e a ciência se encaminham para uma síntese cuja base serão os fatos mediúnicos, cujo coroamento serão as alturas da evolução, e cujo ensinamento refletirá tudo o que faz a beleza eterna da alma e do mundo.

Capítulo 19

O espiritismo e a filosofia contemporânea

Novembro de 1918.

Em nossos artigos precedentes, esboçamos em grandes linhas a marcha rápida e o progresso do espiritismo durante cinquenta anos, em todos os domínios do pensamento, isto é, nas ciências, na experimentação psíquica, na literatura e até no seio das Igrejas. Resta-nos examinar qual foi a sua parte de influência no movimento filosófico contemporâneo e particularmente na filosofia da Escola.

Notemos de passagem que esses resultados foram obtidos fora de qualquer organização espírita, sem outros meios de ação, sem outros recursos, além da própria força da verdade, sem nenhuma outra direção senão a que emana do Além. Mas, talvez, seja esta a mais segura, a mais eficaz, pois, melhor que os processos humanos, ela pode triunfar dos preconceitos, das rotinas e vencer os mais obstinados amores-próprios. Com efeito, todos os que trabalharam com persistência pela difusão do espiritismo sentiram-se ajudados e amparados pelo mundo invisível.

No que diz respeito à obra filosófica realizada há meio século, não passaremos em revista todos os sistemas que a compõem, pois estaríamos, assim, do âmbito deste estudo. Pesquisaremos, somente, qual é, no ensino oficial, a parte atribuível à ideia espírita.

Constatemos, em primeiro lugar, que, nesse lapso de tempo, as teorias materialistas não cessavam de recuar e que o espiritualismo tendiam a substituí-las.

O ensino oficial, na hora presente, é representado pela filosofia do senhor Bergson, cuja propagação se estende cada vez mais ao exterior, ao mesmo passo em que sua ação sobre os espíritos torna-se mais intensa em nosso país.

As ciências psíquicas são familiares ao senhor Bergson, pois ele seguiu com atenção o seu desenvolvimento. Ele é autor de um artigo publicado, em janeiro de 1904, no *Boletim do Instituto Geral Psicológico* sobre a visão de clarões na obscuridade pelos sensitivos.

A sua filosofia não é um sistema que vem se acrescentar aos sistemas precedentes. É original, profunda e constitui uma verdadeira revolução no mundo do pensamento. Desde Spencer, estava estabelecido que a inteligência é a faculdade mestra, o mais seguro meio para se adquirir o conhecimento e abranger o domínio da vida e da evolução. Ora, Bergson demonstra que a inteligência, emanação da vida, é impotente por si só para englobar a vida e a evolução, pela razão de que a parte não pode englobar o todo, nem o fato reabsorver a sua causa. Que faz ele? No lugar da inteligência coloca a intuição, e isso é um acontecimento da mais alta importância em psicologia, porque é à intuição que se prende a maior parte das faculdades mediúnicas: a clarividência, a premonição e a previsão dos acontecimentos, e no dia em que a ciência encontrar um método prático para desenvolver essa intuição, ela abordará essas misteriosas faces da alma humana com as quais esta se limita com a presciência divina e pelas quais se revelam a sua essência íntima e seu imenso futuro.

Pelo desenvolvimento dessas faculdades, podemos entrever a aparição de uma raça de homens que nos ultrapassará em poder, tanto quanto o homem atual ultrapassa o homem pré-histórico. Então a alma humana se revelará em toda a sua grandeza: veremos que ela possui fontes profundas de vida, onde pode sempre se retemperar, e cumes iluminados pelos raios da verdade eterna.

A alma é um mundo; ela conhece o esplendor das eminências e a vertigem das voragens; possui abismos onde bramem as torrentes das paixões; encerra filões repletos de riquezas, e o seu destino é exatamente a valorização de todos esses tesouros escondidos.

* * *

O estudo da obra do senhor Bergson mostra-nos, em certos pontos, analogias notáveis com a doutrina dos espíritos. A vida do ser – diz ele –, é o desenvolvimento de uma evolução anterior ao nascimento. Há um encadeamento, uma continuidade na transformação, na evolução e, ao mesmo tempo, uma conservação do passado no presente. Como nós, ele admite que esse passado está gravado na consciência profunda, e estabelece a evolução paralela do ser orgânico e do ser consciente. Eis em que termos ele define tal evolução.[1]

> O progresso é contínuo e prossegue indefinidamente: é o progresso invisível, sobre o qual o ser visível cavalga durante o espaço de tempo que ele tem de percorrer na Terra.
> Quanto mais fixarmos a atenção nessa continuação da vida, mais vemos a evolução orgânica aproximar-se da evolução consciente em que o passado comprime o presente para dele fazer brotar uma forma nova, que é a resultante das suas anteriores.

É bem isso o transformismo, mas de tal maneira espiritualizado, que se aproxima sensivelmente da filosofia das vidas sucessivas.

Tal noção das vidas anteriores encontra-se afirmada e precisada em numerosas páginas. Citemos alguns extratos:

> O que somos nós, o que é o nosso *caráter*, senão a condensação da história que vivemos desde nosso nascimento, antes mesmo do nosso nascimento, já que conosco trazemos disposições pré-natais?
> A vida é o prolongamento da evolução pré-natal. A prova disso é que muitas vezes é impossível dizer se estamos tratando com um organismo que envelhece ou com um embrião que continua a evoluir.

Reencontramos em Bergson a concepção espírita da vida universal:

---
1 Vide *l'Évolution créatrice* [*A Evolução Criadora*], F. Alcan ed., e o resumo, muito bem feito da obra de Bergson, intitulado: *Une révolution dans la philosophie* [*Uma revolução na filosofia*], de FRANCK GRANDJEAN ,"privat docent" da Universidade de Genebra.

> O Universo não está feito, mas ele se faz incessantemente. Cresce, sem dúvida, indefinidamente pela adjunção de mundos novos... É verossímil que a vida se desenvolva em outros planetas, em outros sistemas solares também, sob formas de que não temos nenhuma ideia, em condições físicas em que nos parecem, do ponto de vista da nossa fisiologia, totalmente desconhecidos.

Segundo ele, o principio da evolução não está na matéria visível, mas sim na invisível. E declara:

Todos os dados científicos novos tendem a transpor a evolução do visível para o invisível.

Podemos notar que, em sua obra, Bergson fala incessantemente da vida, e muito pouco da morte. Nenhum filósofo parece ter tido menos preocupação com esse acidente passageiro que não põe fim a nada. Para ele, como para nós, a vida triunfa e reina como soberana, tanto antes como depois da morte.

A opinião de Bergson sobre o livre-arbítrio está em conformidade com a que sempre sustentamos:

> O papel da vida –, diz ele –, é inserir a indeterminação na matéria. Indeterminadas, quero dizer imprevisíveis, são as formas que ela cria à medida de sua evolução. Também cada vez mais indeterminada, quero dizer, cada vez mais livre, é atividade para a qual essas formas devem servir de veiculo.

Mais adiante acrescenta:

> A liberdade não é absoluta. Admite graus... Somos livres enquanto somos nós mesmos, ou seja, em nosso estado de personalidade profunda, mas somos determinados enquanto pertencemos à matéria e à extensão.
> A personalidade humana é um jorro vivo de incoercível liberdade... A liberdade é um fato de experiência interna, uma coisa sentida e vivida, não raciocinada.

Em suma, como podemos ver, o bergsonismo, assim como a doutrina dos espíritos, dá ao homem mais força para viver e para agir, ligando- mais estreitamente a tudo quanto vive, ama e sofre no Universo. O materialismo isolava inteiramente o homem: na engrenagem da cega máquina do mundo, o homem se sentia aniquilado. Mas a concepção muda: da mesma maneira que o menor grão de pó é solidário com o imenso sistema solar, assim também todos os seres vivos, desde as origens da vida, através dos tempos e dos ambientes, outra coisa não fazem a não ser tornar mais sensível uma direção única, invisível. Eles se apoiam, se ligam e obedecem a um impulso formidável. É como uma imensa caravana que marcha através do tempo e do espaço, e no seu elã, transpõe os obstáculos e desdobra-se para além de todas as mortes.

Não se trata de algo novo na filosofia oficial que, até agora inteiramente impregnada de intelectualismo, se encontrava confusa diante do problema do ser? Le Dantec e a sua escola procuravam a vida exclusivamente na matéria. Mas o senhor Bergson, colocando mais alto a inteligência e a vida, reabilita, de algum modo, o mundo vivo; reencontrando o laço que liga as doutrinas ocidentais às da Grécia e do Oriente, às crenças de nossos pais, àquela filosofia celta resumida nas *Tríades* e à qual se terá de voltar, sem dúvida, um dia. E, quer Bergson tenha sorvido suas ideias nos seus estudos psíquicos, quer nas inspirações de seu próprio gênio, o fato não é menos notável no ponto de vista da identidade das doutrinas, sobretudo, nas suas vastas consequências morais e sociais.

* * *

Ao terminar a sua obra magistral, *A Evolução Criadora*, o senhor Bergson insiste na relatividade dos fatos e na sua impotência para nos fornecerem outra coisa além de uma concepção fragmentária da natureza. Ergue-se, com vigor, contra as ideias arbitrárias de Herbert Spencer, adotadas, contudo, pela ciência:

> Não podemos –, diz ele –, raciocinar sobre as partes como raciocinamos sobre o todo. O filósofo deve ir mais além do que o cientista. A inteligência recorta os fatos do todo da realidade... Em vez de dizer que as relações entre os fatos engendraram as leis do pensamento, eu posso muito bem supor que foi a forma do pensamento

que determinou a configuração dos fatos percebidos e, por conseguinte, as relações entre eles.

E conclui nos seguintes termos:

> A filosofia não é apenas a volta do espírito a si mesmo, a coincidência da consciência humana com o princípio vivo de onde ela emana, um contato com o esforço criador; ela é o aprofundamento do futuro em geral, o evolucionismo verdadeiro e, consequentemente, o verdadeiro prolongamento da ciência, com a condição de que se entenda por esta última palavra um conjunto de verdades verificadas ou demonstradas, e não certa escolástica nova que cresceu durante a segunda metade do século XIX em torno da física de Galileu, como a antiga em torno de Aristóteles.

Qualquer espírito sensato ficará impressionado com a concordância que existe sobre esse ponto com os pensamentos de Bergson e os expostos por Allan Kardec. Com efeito, em termos de espiritismo, o grande iniciador jamais quis separar a doutrina dos fatos. Há, contudo, entre nós, homens que gostariam de circunscrevê-lo no campo experimental. Isto nos leva a considerações de ordem especial no tocante à doutrina dos espíritos.

Ninguém contesta que o fato seja a base do espiritismo, a prova da sobrevivência. Mas por trás do fato, e no próprio fato, há toda uma revelação. No espiritismo, o fato não existe sem o ensinamento, contanto que o fenômeno seja de uma ordem um pouco elevada. Os espíritos não buscam se comunicar conosco a não ser para nos instruírem, nos consolarem, nos iniciarem nas grandes leis do Além, cujo conhecimento é tão necessário, principalmente nos tempos de provação. Foi o que compreendeu e sentiu Allan Kardec. E é porque, em sua obra, ele une estreitamente a doutrina à ciência. Assim procedendo, ele não obedecia a uma tendência pessoal, mas sim a uma necessidade e à própria natureza das coisas que estudava.

O que constitui o poder de ação, o papel social do espiritismo, é que ele satisfaz ao mesmo tempo, todas as necessidades da alma humana, necessidades múltiplas, imperiosas do tempo presente; ele se dirige, ao mesmo tempo, ao cérebro e ao coração, à inteligência, à consciência e à razão. O que constitui o poder e a eficácia do espiritismo, é que as satisfações intelectuais e morais que ele nos dá, os ensinamentos que nos proporciona, formam no seu conjunto uma magnífica unidade, uma soberba síntese cientifica, filosófica, moral e social.

Uma doutrina que não tende para esses diversos objetivos carece de equilíbrio. A moral, que vem do cérebro, é uma moral estéril; só a moral do sentimento e do coração pode tornar os homens verdadeiramente humanos, acessíveis à piedade, sensível a todas as dores, dedicado aos seus semelhantes.

Sem dúvida, devemos estudar os fatos e dar-lhes toda a importância que merecem. Mas como quer o senhor Bergson, mais além e mais alto que os fatos, devemos ver o fim para o qual, por seu intermédio, forças invisíveis nos conduzem pelas vias ásperas do destino.

O espiritismo não é, portanto, somente o fenômeno psíquico, a dança das mesas, como ainda alguns homens parecem crer. O espiritismo é todo um esforço do Além para tirar da alma humana suas dúvidas, suas lepras, suas enfermidades morais, para obrigá-la a ter consciência de si mesma e realizar os seus gloriosos fins.

O espiritismo é o raio de esperança que vem iluminar o nosso sombrio Universo, a nossa Terra de lama, de sangue e de lágrimas; é o raio de alegria que vem visitar os quartos miseráveis, que se insinua nas residências tristes onde habita a desgraça, onde geme o sofrimento.

O espiritismo é o apelo do Infinito; são as vozes que vêm proclamar o mais nobre, o mais poderoso ideal que já sonhou o gênio do homem. A esses apelos, a essas vozes, as frontes curvadas sob o peso da vida se levantam; os desesperados, os náufragos da existência recobram o ânimo, e no Céu brumoso do seu pensamento, eles veem brilhar a aurora que anuncia novos tempos, tempos melhores para a humanidade.

O espiritismo é a comunhão das almas que se chamam e se respondem através do espaço. Graças a ele, chegam-nos notícias dos que foram nossos companheiros de lutas aqui embaixo. Julgávamo-los perdidos, e eis que nos sentimos novamente ligados a eles! Que alegria sabermos e sentirmos que estamos unidos aos que amamos, unidos por todos os séculos, que a morte é apenas uma ilusão da vista, que toda separação é apenas passageira e aparente. Sentimo-nos ligados não somente a eles, mas a todas as almas que povoam a imensidão. O Universo é uma grande família. E nos milhares de mundos que giram nas profundezas, por toda a parte, estamos destinados a, um dia, conhecer reencontrar irmãos ; por toda a parte há almas com as quais prosseguiremos a nossa ascensão, sob a égide de leis sábias, profundas e eternas!

Assim, paulatinamente, o sentimento e o forte instinto da vida e da solidariedade universais despertarão e crescerão em nós. Por esse meio, sentir-nos-emos ligados tanto aos mais humildes quanto aos mais elevados espíritos, sentir-nos-emos na mesma classe dos heróis, dos sábios e dos gênios, e teremos a possibilidade de, com eles, nos encontrarmos na luz, quando, também, tivermos trabalhado, lutado, merecido e padecido.

O espiritismo, enfim, é todo o frêmito da vida invisível; um universo vivo até aqui ignorado, exceto por alguns poucos, e que sabemos e sentimos existir, agitar-se, palpitar, vibrar à nossa volta, preencher o espaço de pensamentos radiosos, pensamentos de amor e inspirações geniais. Cada vez mais o sentiremos viver e agir, graças ao desenvolvimento de faculdades que se multiplicarão, crescerão e tornar-se-ão comuns a um grande número de pessoas. Assim, adquiriremos também a preciosa certeza da proteção, do apoio que, do Além se estende sobre nós, a prova de que a solicitude do Alto envolve todos os peregrinos da existência na sua penosa viagem terrena.

Na luta que é travada para a ascensão da humanidade, a luta grandiosa das ideias, o espiritismo está no ponto mais forte do combate, porque nele se encontram a vida e a morte, a Terra e o Céu se encontram e se unem para os combates do pensamento. Lutemos, pois, com coragem, com sabedoria e com prudência. O mundo invisível está conosco. Elevemos o nosso brado de esperança e de confiança na eterna e consciente justiça que governa os mundos. Creiamos, esperemos, ajamos!

Capítulo 20

Nascimento de um mundo novo

1º de dezembro de 1918.

A análise que acabamos de fazer ao longo de cinco artigos mostrou-nos como, em meio século, o espiritismo obteve um lugar em todos os domínios da atividade humana.

A grande vaga que varreu tantos erros e ilusões colocará muita coisa em seu lugar. A França retomará o seu papel, a sua missão histórica e o sentido de seus verdadeiros rumos, que consistem em espalhar pelo mundo ideias, verdades e luzes. As nobres entidades, que por ela zelam e que a salvaram do perigo, só estão esperando a hora propícia para usar toda a sua influência e impulsioná-la no caminho do seu destino.

Como vimos, uma forte reação espiritualista já se esboça contra o materialismo e a indiferença de outrora, e nesse movimento do pensamento, o espiritismo é chamado para desempenhar um importante papel. Os estudos que ele suscita e as convicções que forma nunca foram mais oportunos, porque só uma alta concepção do mundo, da alma e da vida pode proporcionar-nos a serenidade de espírito e a força moral necessárias para suportarmos as duras provações da época atual e olharmos o futuro com confiança.

Ao desencadearem a guerra, a Alemanha e a Áustria não previam o abismo de dores que iriam cavar. Hoje, já não são unicamente os gritos das vítimas que se fazem ouvir, mas erguem-se vozes de todos os cantos do mundo e todas as forças morais se levantam para acusar e condenar os autores de tantos males.

A consciência humana pronunciou o seu veredicto infalível. Ela reclama uma paz baseada na justiça, uma paz que assegure a punição dos culpados e impeça o retorno de semelhantes calamidades.

Eis que, pouco a pouco, graças ao socorro vindo do Alto, o horizonte se desanuvia. Os acontecimentos tomam um rumo favorável à causa do direito. A guerra atual, que poderia ter trazido para o pensamento uma era de decadência e aviltamento, promete ser um meio de regeneração, e nessa obra a França desempenhará um papel essencial. Aos olhos do mundo, ela já cresce com toda a extensão dos seus sofrimentos e sacrifícios. De longa data, seus inimigos tinham-lhe preparado a ruína e o aniquilamento. Mas a França sempre de pé, sempre renascente, leva ainda nas dobras dos seus estandartes uma grande parte do futuro humano. Curada dos seus erros, das suas ambições desregradas, ela representa hoje a causa dos fracos e os direitos sagrados do pensamento.

Assim, todos os povos livres voltam para ela e para seus aliados os olhos e as esperança. Sabem que à dela está ligada a sua sorte. Vencida, seria o fim da independência deles, ao passo que, com a vitória da França, o pensamento retomará sua expansão e resplandecerá mais intenso sobre a Terra ensanguentada.

Assistimos ao nascimento de um mundo novo. Tudo o que está destinado a viver e a crescer se elabora no sangue e nas lágrimas. Em meio às convulsões de uma guerra terrível, vemos surgir as formas ainda vagas e indecisas de uma humanidade regenerada pela dor.

As grandes nações da Entente, até então divididas pelos interesses econômicos e que, sem os acontecimentos atuais, jamais poderiam ter-se compreendido, reuniram todos os seus recursos, todos os seus meios de ação para enfrentarem o perigo comum. Elas souberam chamar a si a maioria dos povos da Terra. Resulta disso uma penetração das inteligências e das consciências e uma fusão dos caracteres e das vontades plenas de consequências para o futuro do nosso planeta.

Os povos encaminham-se para uma solidariedade viva e

ativa, para uma organização mundial que parece ser a última etapa da evolução do direito.

Estabelece-se uma ordem de coisas, econômica a princípio, política amanhã e filosófica e moral posteriormente.

Graças aos rápidos progressos feitos na Inglaterra e na América, o espiritismo promete tornar-se a doutrina universal que cimentará a união de todos em um ideal comum. A própria Alemanha, desiludida e constrangida a renunciar ao seu sonho de dominação brutal, será forçada a entrar no concerto das nações, onde ocupará simplesmente o lugar que lhe for devido. Somente, então, poderão reinar na Terra a paz e a justiça.

Virá um dia em que teremos orgulho de haver vivido em uma época que prepara tão grandes coisas. Louvemos a Deus, que do conflito das paixões e dos ódios saberá fazer surgir a harmonia. Trabalhemos, cada qual de acordo com suas forças, para preparar melhores tempos para a humanidade.

Capítulo 21

O reinado do espírito

15 de dezembro de 1918

Antes da guerra, podíamos reconhecer, por toda a parte, na política, na literatura e nos costumes, os frutos decepcionantes, os frutos venenosos do materialismo. Foi necessário o choque terrível dos acontecimentos para que surgissem as qualidades heroicas da nação, atoladas debaixo da espessa camada de interesses e de paixões egoístas.

Finda a tempestade, esses frutos deletérios não terão totalmente desaparecido. Receamos que o conflito dos interesses e as lutas de classes, a ação ora surda ora violenta das más paixões se prolonguem e que ainda tenhamos outras provações para temer e outras convulsões para sofrer.

O remédio estará, sobretudo, na procura e na aplicação de um ideal desinteressado, que habituará o homem a levantar os olhos e os pensamentos acima das baixas ambições terrenas.

Uma nação só é grande pelo ideal que ela encarna e não há nenhum mais nobre do que a evolução individual e coletiva, a ascensão de cada um de nós para esses cumes eternos denominados Sabedoria, Justiça e Amor; nenhum mais belo do que a participação crescente na obra do progresso universal.

Mas como inculcarmos tal ideal aos homens a quem os maus pastores, durante um tempo tão longo, mantiveram-nos na ignorância de sua natureza e de seu verdadeiro papel?

A tarefa será longa, trabalhosa e difícil. E, no entanto, não há outro meio de despertar uma vida espiritual elevada e pura, de se trazer o reinado do espírito sobre a matéria.

Há vinte ou trinta anos, uma forte corrente arrasta os povos para a democracia socialista.

Esta, para ser fecunda, deverá realizar o reinado do espírito, respeitar a liberdade pessoal, esta liberdade sagrada que é a própria garantia da nossa autonomia e cuja chama deve sempre brilhar em nossas almas. Se o socialismo fosse um constrangimento, se calcasse aos pés a liberdade individual, não seria mais do que uma forma de despotismo e chegaria aos piores excessos.

Temos disso um exemplo na Rússia, onde a revolução era, no início, inspirada pelos mais generosos pensamentos. Mas, pela opressão, ela rolou pelo abismo e tornou-se uma forma de anarquia e de pilhagem.

O socialismo igualitário desviar-se-ia do caminho certo, como o demonstramos em outros artigos.[1] A igualdade não está na natureza nem pode existir na sociedade. A nivelação por baixo, como imaginam certos utopistas, e a igualdade imposta, suprimiriam as capacidades, ou seja, todas as forças intelectuais. Chegar-se-ia ao reinado universal da mediocridade, à bancarrota da arte e da ciência, e seria uma regressão à barbárie.

O socialismo materialista esquece-se de uma coisa capital: de que a alma humana tem necessidade de esperança e fé, tanto quanto o corpo precisa de alimentos.

A democracia deve ser uma solidariedade profunda, fraternal, entre todos; um esforço comum para o melhor, um empenho para atingirmos uma vida mais digna e mais elevada. Nessas condições, a democracia seria um valor de ordem moral e teria a sua sede nas consciências.

Do ponto de vista dos interesses, a paz social não pode ser adquirida senão pelos sacrifícios voluntários dos que possuem bens e pelas reivindicações justas e equitativas dos que, nada tendo, trabalham para edificar a riqueza pública. O socialismo não deve ser inspirado no ódio das classes, mas na simpatia e na bondade. O ódio só gera o ódio, que só será vencido pelo amor.

Mas, para que isso seja atingido, todo o aparato legislativo

---
[1] Vide *Autoridade e Liberdade*.

e as instituições políticas continuarão impotentes. Não basta que se dirijam à inteligência e à razão; é preciso, sobretudo, que falem ao coração dos homens, arrancando dele os germes de egoísmo, de inveja e de espírito de dominação. Não temos nenhuma chance de triunfar a não ser pela divulgação de uma grande doutrina, baseada em provas sensíveis que a todos ensine o dever, a responsabilidade e a moral e ilumine o caminho do futuro. Somente, então, acabarão os conflitos e preparar-se-á um destino melhor para a humanidade.

Onde estão os operários de tal transformação, os artesãos do reerguimento espiritual e moral de nosso país? Achá-los--emos entre os homens que há vinte anos se sucedem no poder? Todos aqueles que os conhecem bem garantem que não, salvo raras exceções. A democracia deve ser dirigida por mãos honestas e puras, e não por materialistas amantes do prazer, não ciosos das leis superiores e do destino que lhes reserva o Além. Será preciso, talvez, esperarmos outra geração, a chegada de homens novos que, rompendo as estruturas dos velhos partidos, instaurem um estado de coisas mais em harmonia com o objetivo real da existência e com as regras da evolução humana. Em todo os casos, já o dissemos, o espiritismo é chamado para desempenhar um grande papel, podendo olhar para o futuro com confiança. Desde já, ele oferece a todos os corações amargurados o manancial das supremas consolações e das infinitas esperanças. Ele amplia a comunhão com o Invisível e, ao mesmo tempo, torna-a mais precisa, fotificando-a.

Graças às faculdades mediúnicas e às revelações concordes dos espíritos, as condições da existência do Além se tornam mais bem conhecidas por nós; os laços de simpatia e de solidariedade que nos unem aos defuntos multiplicam-se, e as duas formas de vida, a visível e a invisível, fundem-se em poderosa unidade.

Todos aqueles que, e grande é o seu número, praticam a comunhão com os seus queridos entes desaparecidos, sabem quanta ajuda e quantos elementos de renovação as relações com o Além introduzem em nosso pensamento e em nossa consciência. Os horizontes de nossa vida se ampliam, e as coisas da Terra reduzem-se às suas justas proporções. Aprendemos a desligarmo-nos de tudo o que é fútil e vão e a levar nossas ambições aos bens indestrutíveis do espírito.

A colaboração e a vida comum com os nossos caros invisíveis é como um banho fluídico em que nossas almas se retemperam e se fortalecem. Os nossos atos, os nossos julgamentos, as nossas percepções em todas as coisas encontram-se profundamente modificados. Por exemplo, a ideia da morte perde o seu caráter lúgubre. Todo o aparato de pavor com que, propositalmente, as religiões a envolveram, desaba e dissipa-se. A morte não é mais que um retorno à verdadeira vida, vida radiante e livre do espírito que não falhou. É o repouso para o pesquisador fatigado e o refúgio de todos os que penaram, lutaram e sofreram.

O hábito de conversarmos com os nossos amigos do Espaço e o fato de pensarmos que eles estão frequentemente perto de nós, falando-nos, ouvindo-nos e se interessando por nossos trabalhos, obrigam-nos a cuidar mais atentamente dos nossos atos. À medida que nos adiantamos sob as suas inspirações, nossa compreensão da vida espiritual torna-se mais profunda, o dever mais fácil, o fardo das provações mais leve de suportar. Aprendemos a nos libertar das mil submissões materiais, a nos livrar das ambições malsãs, dos mesquinhos ciúmes, de tudo o que separa os homens e os torna infelizes.

Nas circunstâncias trágicas do período que atravessamos, a comunhão do Céu e da Terra, dos vivos e dos mortos, reveste-se de um caráter grandioso; adquire uma extensão e uma intensidade consideráveis: As almas dos heróis que tombaram em combate pela pátria e de todos os que ofereceram a vida em sacrifício para que o doce solo da França não fosse reduzido à escravidão, a multidão inumerável desses espíritos, que, nos seus voos de glória, planam acima de nós, se associam aos nossos esforços, às nossas dores, às nossas lágrimas.

O caso de Raymond Lodge não é único: de todas as partes se multiplicam as manifestações. Desde que findou o período de perturbação que seguiu as mortes violentas, todos esses espíritos têm apenas um objetivo, apenas um pensamento: ajudarem os nossos soldados na luta épica que travam, exaltarem sua coragem, susterem-lhes o ardor impetuoso, até que o inimigo seja rechaçado para além das fronteiras.

Na presente hora, os videntes podem contemplar esse espetáculo impressionante de duas humanidades que se unem em supremo esforço para salvar a França e o mundo das pressões da águia germânica.

Esse grande movimento não acabará com a guerra. As forças espirituais em ação continuarão a intervir, não mais no sentido da luta, mas para realização da obra pacificadora e restauradora por excelência.

A humanidade, por seus descomedimentos e excessos, havia criado fluidicamente, em torno de si, o círculo fatal que apenas um violento choque poderia romper. Em vez de reconhecer nesses erros a causa principal dos seus males, em vez de buscar o remédio para eles no estudo e na prática das leis eternas, a humanidade afundou-se no sensualismo e na negação. Produziu-se o choque que quebrou muitos egoísmos e destruiu muitos preconceitos e rotinas. Ele despojou o antigo homem de sua roupagem de orgulho e entreabriu o seu entendimento às coisas divinas. E agora, as reformas e os melhoramentos individuais e sociais que os homens não quiseram realizar na paz e na alegria, deverão ser executados na provação e na dor. Todos os que se opunham aos progressos do pensamento e à evolução moral desaparecerão; os espíritos elevados encarnar-se-ão entre nós para a realização dos desígnios providenciais. Poderoso sopro passará pelo mundo. Os vivos da Terra, estreitamente unidos aos vivos do Espaço, trabalharão com o intuito de preparar dias melhores para nosso planeta atrasado.

* * *

Às considerações anteriores, creio dever acrescentar o meu testemunho pessoal. Foi na comunhão constante com os Invisíveis que obtive as inspirações e as forças necessárias para realizar o que me foi possível fazer de útil e de bom no decurso desta existência que declina e está chegando ao fim. A colaboração com as altas entidades do Espaço proporcionou-me os elementos essenciais da minha obra de divulgação. Nessas relações diárias, reuni abundantes provas de identidade: minha fé e minha confiança foram aumentando, ao mesmo tempo em que se iluminava a minha vida interior. Aprendi a desprender-me das pequenezas deste mundo e a colocar os meus afetos e os meus objetivos no Além. E agora, quando chegou a idade, com o seu cortejo enfermidades, meus meios de ação enfraquecem e sobre meus olhos um sombrio véu se estende. Perdi o excelente médium por meio do qual me comunicava com os meus guias e protetores invisíveis, mas sinto com frequência que estão à minha volta e percebo ainda as irradiações de seus pensamentos e de seus fluidos. Daqui por diante, minha única aspiração é de a eles me juntar, quando Deus assim o desejar, para com eles viver na serena paz do Espaço, na divina harmonia das Almas e dos mundos!

Capítulo 22

Hosana!

12 de novembro de 1918

A cidade está em festa. Repicam todos os sinos; ressoa o canhão e, em todas as encruzilhadas, tocam-se as músicas americanas. A população inteira, em um pensamento comum de libertação e de ventura, aclama a assinatura do armistício, prenúncio da paz.

Mas não só a velha cidade está em júbilo; toda a terra da França vibra de entusiasmo. Assim, tanto das planícies do Centro como dos vales do Midi e dos bosques da Lorena sobem os sons das fanfarras e os cantos de alegria. No Espaço, legiões enumeráveis dos que morreram pela pátria associam-se ao contentamento de um povo em delírio. Às harmonias do Céu respondem as vozes da Terra.

Acabou a provação de cinquenta e dois meses. Graças ao espiritismo, graças aos nossos guias invisíveis, às suas previsões, aos seus ensinamentos, suportamos tudo com paciência. Apesar das tristezas e das angústias dessa longa guerra, mesmo nas horas mais sombrias, por exemplo, quando da retirada da Rússia, jamais perdemos a confiança na salvação do país e nos socorros vindos do Alto. No meio das peripécias da luta, não deixou nunca de passar sobre a França e sobre seus heroicos soldados uma poderosa corrente de forças espirituais, impulsionando-os e exaltando-os para conduzi-los, finalmente, à vitória.

Trata-se agora de reparar os males causados pela guerra,

trata-se de reconstituir uma nova alma para a pátria. É preciso que a união formada nas trincheiras, nos campos de batalha e na retaguarda, entre homens de todas as condições, seja cimentada pela vontade e pelos esforços comuns. As querelas partidárias devem cessar diante da firme resolução de todos os franceses de trabalharem, com um mesmo impulso e com um mesmo coração, para o reerguimento e a regeneração do país.

Faz-se necessário, sobretudo, que uma nova fé eleve os pensamentos acima dos interesses egoísticos, e faça penetrar nas consciências o sentimento dos deveres e das responsabilidades pessoais de todos os que desejem se mostrar dignos do título de seres humanos.

Para todos vós, vivos heroicos e mortos gloriosos que combatestes, lutastes e sofrestes por nós; para vós que assegurastes o triunfo da justiça e da liberdade neste mundo que teria se tornado inabitável se a força brutal e a mentira houvessem prevalecido; para todos vós se eleva um hino de reconhecimento, o tributo de admiração e os elãs de gratidão da humanidade inteira!

* * *

Pelos processos pérfidos e criminosos por ela inaugurados, por sua extensão mundial e pelas massas postas em movimento, essa guerra é única na História. As dificuldades e as complicações que ela originou só foram superadas ao preço de gigantescos esforços. O tratamento imposto à Bélgica e à Sérvia por seus invasores fez com que acreditássemos na falência do que há de mais nobre e de mais sagrado na consciência.

Mas, por outro lado, vimos povos inteiros atirarem-se à fogueira pela causa do direito. Os atos de heroísmo e de sacrifício multiplicaram-se; qualidades morais desconhecidas revelaram-se de tal forma, que a dignidade humana se reergueu e se reabilitou.

Antes da guerra, o rebaixamento dos caracteres era sensível e evidente; constatávamos, e não sem pesar, a pobreza da nossa época em homens de gênio. Mas, na hora do perigo, numerosas falanges ergueram-se diante do perigo e da morte. Se, de um lado, o orgulho; a falsidade e a crueldade se mostraram em toda a sua fealdade, de outro, legiões de almas elevaram-se de um salto até as alturas sublimes. A França entrou resolutamente na via das provações; subiu o seu calvário e arriscou a existência em prol da salvação comum.

E, comovida com esse grandioso espetáculo, a humanidade correu para apoiá-la. Apareceram os homens necessários e providenciais que Deus reserva para a realização dos seus vastos desígnios: Wilson, Lloyd George, Clemenceau e Foch nada mais foram do que instrumentos do Além, executores do plano divino, agentes pelos quais se realiza a justiça superior com um brilho ímpar na história do mundo. Nosso século, portanto, nada tem a invejar dos que o precederam, pois se mostra maior que todos.

Como, então, duvidar do futuro?

Através do caos dos acontecimentos, sentimos que uma nova humanidade se esboça. Parecem definitivamente descartadas as tradições de um passado de ferro e de sangue. As leis da consciência substituem, pouco a pouco, as regras dessa política de violência e de força bruta que por muito tempo dominou nosso mundo ainda bárbaro. Os povos creem ver surgir no horizonte a aurora de um tempo em que reinarão a justiça e a fraternidade. Se assim é, um grande passo estará dado no caminho áspero, mas sagrado, no qual se desenvolve o longo cortejo humano.

Entretanto, não nos fiemos nisso. Longe, na profunda Rússia, subsiste um perigo, um perigo que ameaça invadir a Europa central e chegar ao Ocidente. Ainda há, em nosso planeta atrasado, muitíssimos seres inferiores, ignorantes e passionais, para que a ordem e harmonia possam aqui se estabelecer de modo definitivo. É provável que a luta assuma outras formas, criando outros heróis e outros mártires. Nessa luta, as legiões invisíveis se associarão aos nossos esforços e às nossas provações.

Trata-se do combate universal do bem contra o mal, da luz contra as trevas, da verdade contra o erro! Por esse meio, as almas se fortalecem e desenvolvem as suas energias latentes; escalam as ladeiras íngremes coroadas de deslumbrantes cumes. É o imenso concerto em que as contradições e as incompatibilidades ora se chocam ora se fundem em uma sinfonia quase sobre-

-humana. Nesse poderoso concerto, um canto domina todos os outros –, a Hosana! – o canto de triunfo daqueles que venceram, dos que, dos padecimentos, das angústias e das lágrimas, souberam tirar para as suas almas mais riqueza de pensamento e de sentimento, mais beleza e grandeza!

* * *

15 de Dezembro de 1918

Agora que passou a tormenta e que a calma começa a renascer nos espíritos, consideremos com um olhar grave, com um sentimento quase religioso, os acontecimentos que acabam de se realizar e tentemos extrair os altos ensinamentos que eles comportam.

Em primeiro lugar, o que mais nos impressiona é a evidente intervenção de um poder, de uma vontade superior: a ação do mundo invisível para salvar a França da ruína e da morte, instaurando o reinado do direito. Objetar-me-ão, talvez, com as vicissitudes dessa guerra terrível, com as alternâncias de sucessos e de reveses, com as horas de ansiedade e de incerteza, em que o destino parecia voltar-se contra nós. Dir-me-ão que tais peripécias parecem em desacordo com a execução de um plano desejado do Alto.

É fácil a resposta. Deus quer que o homem, por seus esforços e sacrifícios, participe da obra que ele dirige; o progresso humano é a esse preço. Mas, chegada a hora, o poder divino manifestou-se e o orgulho germânico foi abatido. Daí a reviravolta repentina, a ofensiva fulminante, e, para o inimigo, a derrota final. As palavras de Joana d'Arc são sempre atuais: "Os homens de armas lutarão e Deus dará a vitória".

Desde 1914 e durante três anos pudemos acompanhar quase diariamente as fases da guerra no que diz respeito à participação do mundo invisível e relatamos seus feitos principais em diversos artigos: a reunião em conselhos dos grandes espíritos, a procura de chefes do exército que fossem capazes de receberem suas inspirações, a ação perseverante das legiões do Além sobre os combatentes e a previsão dos acontecimentos futuros. Depois da batalha de Charleroi, quando o exército alemão avançava como uma maré montante e as vanguardas da sua cavalaria já penetravam no subúrbio parisiense, nossos guias afirmavam que elas não entrariam em Paris. Mais tarde, diante de Verdun, no momento em que o inimigo chegava à última linha de fortificações de Souville e de Tavannes, aqueles mesmos guias nos garantiam que o inimigo não tomaria a cidade lorena. Da mesma forma, nas horas mais incertas, antes que a sorte dos exércitos estivesse determinada, suas predições sobre a vitória final se realizaram.

Entre os combatentes, muitos sentiram diretamente a presença do invisível. Outros a intuíram e numerosas cartas vindas do front são disso um testemunho formal. Entre mil exemplos, citemos um: nas suas *Lettres de guerre* [*Cartas de guerra*], publicadas recentemente, o tenente Masson que, todavia, não era espírita, escrevia: "Sinto-me ternamente rodeado de invisíveis guias: todos me dizem que a morte não é tão dura e que há coisas que valem mais que a vida".[1]

Os jovens, sobretudo, estão vivamente impressionados. O permanente contato com o perigo e a lição dos grandes acontecimentos amadureceu-lhes o pensamento, tornou os seus sentimentos mais graves e mais profundos. Eles voltarão à vida civil com uma noção mais elevada dos seus deveres. A ideia de Pátria, tão desacreditada antes da guerra, revestiu-se, para

---

1 MASSON,*Lettres de guerre*, Hachette, 1917.
Eis um segundo exemplo, mais recente:
O general Berdoulat, governador de Paris, fez a um redator do *Petit Parisien* o seguinte relato (*Petit Parisien* de 28 de Fevereiro de 1919):
Dezoito de julho de 1918 foi o dia que devia assinalar a derrota definitiva do inimigo. Algum tempo antes, eu havia ido, em missão especial, à Alsácia, onde conheci o prefeito de Montreux-de-Vieux. Ora, avisado pelas ações que precederam a nossa grande ofensiva, da eminência de uma batalha, esse magistrado escreveu-me uma carta que recebi na própria manhã do dia 18 de julho. Ela continha estas palavras: "Todos os meus votos por vosso sucesso e por nossa vitória". Pois bem! Estava eu, naquele dia, não sei por que razão, tão emocionado pela certeza do triunfo que, no momento exato em que a ação se desencadeava, muito antes de conhecer seu resultado, imediatamente respondi ao prefeito de Montreux:"Os vossos votos foram atendidos, é a vitória, a derrota do inimigo". Quem me impeliu a escrever assim e a anunciar a vitória de uma batalha que não começara? Por que fiz isso? Por que, naquela manhã, tinha eu, não mais a esperança, mas a certeza do triunfo? A verdade é que uma força misteriosa me envolvia!...
Em junho de 1917, em um livro-álbum que lhe foi presenteado pelo general Guillemont e no qual se formulava a pergunta: "Quando terminará a guerra?", o general Berdoulat, movido pela mesma força: respondeu: "Em novembro de 1918". Ora, o armistício deu-se em 11 de novembro, e o prognóstico revelou-se exato.

O Mundo Invisível e a Guerra

eles, de um sentido mais amplo e mais extenso. Sabem que não basta servi-la apenas na luta, mas também, pelas obras de paz, por tudo o que pode torná-la maior, mais digna, mais respeitada no mundo.

Observamos que as novas classes são superiores, nesse particular, às antigas e que o ceticismo zombeteiro de outrora cedeu lugar, nelas, à confiança e à fé. Até as crianças que assistiram a esse imenso drama, trarão consigo a sua marca, e por ele sua vida será influenciada.

Se um ensino popular viesse completar, em todos, essas felizes disposições, se a bela chama do idealismo se acendesse naquelas almas, veríamos que, pouco a pouco, as gerações envelhecidas e desencantadas que vão desaparecer serão substituídas por uma França nova, ardente e generosa, animada de uma fé patriótica que lhe permitiria realizar grandes empreendimentos.

* * *

A partir de agora, a França retoma o seu posto na vanguarda das nações. Desde 1870, vivíamos sob o peso da derrota. Não podíamos dar um passo para fora sem que esbarrássemos com as lembranças de nossos reveses, com mil causas de amargura e de humilhação. Veio depois a crise terrível em que a nação poderia ter naufragado.

Todas as faltas, todos os erros se expiam. Durante muito tempo, entre nós, as classes chamadas "dirigentes", roídas pelo materialismo e pelo ateísmo, não tinham outro objetivo além da fortuna e do prazer. Por seu lado, o proletariado, ciumento e rancoroso, sonhava conquistar, pela força, o bem-estar, a riqueza e o poder. Daí, a perturbação dos espíritos, a incerteza do dia da manhã, um início de decomposição social. Mas, no perigo afrontado, nas provações sofridas em comum, os laços de solidariedade se estreitaram. A França criou alma nova. A relha da dor nela cavou seu sulco e fez jorrar as fontes de um poder que facilitará o seu reerguimento e o seu magnífico progresso. Uma imensa tarefa oferece-se a nós e, para realizá-la, faz-se necessário o concurso de todos. Já não se trata de concessões nem de acordos, mas de sincera e leal colaboração. Nenhuma parcela do povo pode isolar-se e viver sem as outras.

Ao regime político devemos exigir duas coisas: a ordem e a liberdade, sem as quais não há sociedade estável e nem progresso seguro. Um verdadeiro republicano deve respeitar as opiniões alheias e só procurar fazer prevalecer as suas pela persuasão. Em tal domínio, toda violência seria criminosa.

Mas isso não basta: é preciso que a França recupere o seu grande papel histórico, o de semeadora de ideias. A vitória, aureolando sua fronte, impõe-lhe, como dívida, o dever de guiar as outras nações na sua marcha incerta. Para desempenhar essa grande missão, é-lhe preciso, sobretudo, o pensamento, a convicção elevada, a iniciação na lei dos renascimentos e na comunhão dos vivos e dos mortos. Esta pode tornar-se, pela prática, um manancial de força e de vida moral, pois é pelos esforços comuns dos dois mundos, o visível e o invisível, que se realizarão a obra regeneradora e a ascensão dos seres para maior sabedoria e mais luz.

* * *

Jovens, vós que lereis estas páginas, aberta vos está a estrada do futuro, larga e bela, e todas as vozes da Terra e do Espaço convidam-vos a percorrê-la. Deixai para trás o passado, com o seu pesado fardo de terrores e iniquidades; avançai com passo firme, visando um nobre objetivo. Fazei de vossos trabalhos e de vossos sofrimentos mais alguns degraus para subirdes mais alto. Escutai os apelos das almas impalpáveis que vos dizem: "Coragem!". Trabalhai com fervor na grande obra humana para a qual contribui cada geração. Antes de vós, na Terra, vivemos e penamos; conhecemos a ingratidão, o sarcasmo, a perseguição. Mas para vós, a hora é mais propícia. Nós atravessamos os desertos do ceticismo; vós conhecereis no oásis as frescas sombras da esperança e as fontes vivificantes da fé; colhereis na alegria o que semeamos na dor. Porque em meio à tempestade que acaba de desabar sobre a vossa pátria, apareceram as forças divinas; atenuou-se o ceticismo; a inteligência do homem abriu-se às grandes verdades que regem os mundos. Trabalhai, pois, jovens; nós vos inspiraremos e vos apoiaremos. Do círculo de luz a que chegamos, saudamos os novos tempos, os tempos melhores que se anunciam para a França e para a humanidade!

Capítulo 23

A experimentação espírita
Escrita mediúnica

I

Janeiro de 1919.

Às vezes, nossos contraditores deleitam-se em assinalar os abusos decorrentes de uma prática experimental incorreta do espiritismo, em ressaltar as decepções a que estamos expostos a sofrer. Ora, estas resultam na maioria das vezes das condições incorretas em que as pessoas operam e da inobservância das regras estabelecidas pelos espíritos.

Alguns leitores, ao percorrerem as obras dos escritores espíritas, ficam principalmente impressionados pelos fatos e pelos testemunhos que nelas são relatados. No entusiasmo de seu pensamento, são levados a crer que tais fatos são frequentes, numerosos e relativamente fáceis de serem obtidos. Perdem de vista as exigências da publicação que nos obrigam a agrupar, a condensar em um espaço restrito fenômenos que se produziram em um período de tempo e consideráveis extensões de território. Se eles abordam o terreno experimental, fazem-no sem método, sem preparação, desprezando as recomendações feitas e as precauções essenciais, ignorando nossos conselhos e, se os resultados não são imediatos, cansam-se rapidamente e abandonam a experiência.

Um aprofundamento do estudo do mundo invisível é necessário para nos orientarmos durante os fenômenos e determinarmos sua causa com exatidão. Existem demasiados elementos diversos na força em ação no decorrer das sessões para que experimentadores mal preparados e insuficientemente instruídos possam evitar erros e suposição falsas. Assim, é prudente não admitirmos nos grupos senão pessoas que se tenham dedicado a um prévio estudo teórico, que pode ser realizado pela leitura atenta e refletida das obras especializadas.

O principio de comunicação espírita é a lei harmônica das vibrações. Sabemos que cada alma é um centro de forças, cujas irradiações variam de extensão e de intensidade segundo sua natureza e seu grau de elevação. A ação da vontade pode aumentar ou diminuir a força dessas vibrações. Possuo uma fotografia em que, sob a influência da prece, vemos eflúvios desprendidos dos dedos do experimentador se estenderem e cobrirem toda a placa, ao passo que no estado de repouso do pensamento, os efeitos produzidos são fracos.

A vida na carne amortece as irradiações da alma, mas não as elimina. Existem tantas diferenças entre os diversos estados vibratórios quanto entre as fisionomias e os caracteres. Entretanto, é necessária certa concordância para que se estabeleçam relações entre espíritos e encarnados. O espírito que quer comunicar-se deve buscar um médium cujo estado psíquico apresente mais analogia com o seu. Depois, por um treinamento gradual que pode, segundo os casos, abranger semanas, meses e até anos, e com o qual esse médium deve colaborar pelo pensamento, pelo desejo e pela vontade, chegará a estabelecer uma espécie de sincronismo. Se fracassar, deve dirigir seus esforços para outra pessoa.

* * *

A mediunidade mais divulgada é a da escrita, em suas formas diversas. A denominada "mecânica" parece-nos apresentar mais garantias do que outros processos, porque, neste caso, o espírito opera sobre o braço sem impressionar o cérebro.

Efetivamente, seja intuitiva ou semimecânica, a faculdade de escrever comporta, inevitavelmente, uma mistura dos pensamentos do espírito e do médium. O pensamento do espírito suscita, no cérebro do médium, imagens, expressões e até ideias que lhe são familiares e que encontramos nas mensagens obtidas. Como diferenciarmos e estabelecermos a parte correspondente a cada um dos participantes? Trata-se de uma tarefa delicada, difícil e que só eles poderiam realizar.

O dom de escrever é geralmente precedido de um período de exercícios, durante o qual o médium produz movimentos irregulares e traçados ilegíveis que têm por finalidade regularizar e disciplinar os seus fluidos, adaptando-os aos fins desejados. Esse período preparatório é mais ou menos longo, segundo as pessoas. Conheci um oficial de uma administração que teve a paciência de se exercitar assim todos os dias, durante mais de um ano, e que finalmente obteve comunicações seguidas e que apresentavam, ao mesmo tempo, uma forma elegante e um sentido profundo.

O uso de tal faculdade apresenta o grave inconveniente de deixar larga margem à ação pessoal e inconsciente do médium, mas tal inconveniente atenua-se com o tempo e acaba por desaparecer quase que inteiramente. À medida que essa mediunidade se desenvolve, o espírito adquire um domínio cada vez mais sensível sobre o cérebro do médium e chega a dele eliminar tudo o que não emana de sua própria vontade. Entretanto, a escrita mecânica continua sendo o mais seguro meio de obtenção das provas de identidade e das indicações de fatos e de datas ignorados pelo médium, em uma palavra, dos elementos de certeza que devemos sempre buscar nas manifestações.

É permitido a qualquer experimentador trabalhar sozinho e todos os dias durante o período de exercícios preparatórios; mas desde que escreva palavras, frases, mensagens lógicas, ele deverá abster-se de operar isoladamente, aproximar-se de um grupo bem orientado, contando com uma proteção eficaz, e submeter as suas produções ao controle de crentes esclarecidos. No isolamento e na falta de direção, estaria exposto às visitas dos errantes do Espaço e às suas mistificações, podendo tornar-se vítima de alguma obsessão perigosa.

Nas sessões que, durante muito tempo, dirigi, habituei-me a propor aos médiuns escreventes um assunto para tratarem espontaneamente, o que eles faziam com uma abundância de estilo e uma riqueza de expressões bem acima dos seus recursos habituais. Tais resultados, é verdade, não provam, forçosamente, a intervenção dos espíritos. Poderíamos explicá-los pelos recursos profundos e ocultos do médium, por esse estado do ser que alguns psiquistas denominam subconsciente ou subliminar, estado em que se revelam conhecimentos, qualidades e poderes que não possuímos no estado normal. Eis aqui um problema cuja resolução é importante.

Tem-se tentado, em vão, explicar o conjunto dos fenômenos pela teoria do subconsciente. Os psiquistas que o tentaram não conseguiram, pois a maior parte dos fatos espíritas escapa a essa interpretação. No entanto, é verdade que certos casos, seja de escrita ou de inspiração oral, no *transe*, eles encontram no subconsciente uma explicação lógica.

Em outra obra[1] já demonstramos que existe em nós um *eu* profundo, uma consciência e uma memória mais amplas e mais extensas que a consciência e a memória normais, e que escapam, o mais das vezes, ao nosso conhecimento e à nossa vontade. É o reservatório espiritual em que se registram e acumulam as aquisições, as lembranças e as impressões de nossas vidas anteriores, tudo o que constitui o capital intelectual e moral que trazemos conosco ao nascermos. Daí vêm as faculdades inatas, as aptidões, as tendências, tudo aquilo que a herança psíquica não pode explicar.

Esse lado ignorado de nossa natureza íntima nos permanece fechado, como dizíamos, no estado normal. No entanto, certas sugestões, pessoais ou estranhas, podem aparecer, por vezes, e fazer surgir uma parte dos nossos recursos ocultos. A sugestão desempenha, então, o papel de uma alavanca que levanta e mobiliza os elementos de nossa personalidade profunda.

Nas experiências de renovação da memória, sabemos que a ação do magnetizador sobre um indivíduo hipnotizado pode despertar suas lembranças adormecidas. A história do passado remoto desdobra-se automaticamente: os mínimos detalhes das existências esvanecidas reaparecem e revivem com surpreendente realismo. Da mesma forma, o médium escrevente, pela autossugestão, pode apelar, embora com menor intensidade, para este *eu* subjetivo e dele obter, sem se dar conta, inspirações

---
[1] Vide nosso *O Problema do Ser e do Destino*.

muito superiores às suas capacidades habituais. Não devemos porém concluir que todas as comunicações escritas são obra do subconsciente. O que provém da autossugestão pode muito bem ter sido produzido pela sugestão dos Invisíveis.

Além disso, os traços característicos, as provas de identidade, as explicações dadas sobre os fatos e as questões desconhecidos do médium demonstram com evidência a intervenção de individualidades estranhas.

Apresentamos, a seguir, alguns exemplos de mensagens que põem em destaque o caráter dos inspiradores e fazem crer que emanam realmente dos espíritos que as assinaram.

Tais mensagens foram obtidas sucessivamente em uma mesma sessão de um grupo parisiense, em 18 de dezembro de 1914, pela senhora Hyver.

A primeira traz a assinatura de Henri Heine, poeta alemão que tomara a França por seu país de adoção. Fala das lendas germânicas segundo as quais Odin ou Wotan, o velho deus alemão, suas filhas, as Valquírias, e outros deuses e os guerreiros habitantes do Valhala ou Palácio de Odin, devem ser derrotados pelo lobo Fenris, lançado outrora por Odin ao abismo. Essa derrota deve ocasionar a queda e o fim dos deuses e a criação de uma terra e de uma humanidade novas, nascidas do cataclismo universal.

Heine evoca e interpela o Chanceler de Ferro e Bismarck lhe responde. Depois, Frederico III, pai de Guilherme II, pronuncia-se como juiz entre as teses tão opostas sustentadas pelos dois alemães, fazendo tristes prognósticos sobre os resultados da obra de seu filho e sobre o destino da Alemanha. Essas mensagens formam uma espécie de trilogia e anunciam os grandes acontecimentos de que somos as testemunhas atuais.[2]

PRIMEIRA MENSAGEM

Ó Chanceler de ferro! Acorda. Vês a tua Alemanha de rapina e de sangue?
Espalharam-se pelo mundo os seus ferozes exércitos: as Valquírias voam à sua frente; os guerreiros de Odin saíram do Valhala.

---
2 Essas três comunicações foram publicadas integralmente na *Dépêche* de Tours, em 28 de fevereiro de 1915. A coleção do referido jornal encontra-se à disposição do público na Biblioteca da Cidade

Ouves os seus gritos de raiva?
O lobo Fenris também saiu do abismo onde estava acorrentado.
Toma cuidado com tua Alemanha, ó Chanceler de Ferro; pois o lobo Fenris anda solto pelo mundo.
Sai do vale de sombra e de trevas que é a tua morada, Chanceler de Ferro, é chegada a hora. Soou o fim de tua Alemanha de rapina e sangue.
Eu te disse, Chanceler de Ferro, o lobo Fenris está solto, e a tua Alemanha vai perecer entre seus dentes cruéis.
Sobe a esta colina: tu a vês, a nossa velha Alemanha, tu a vês, ou, antes, não, pois ninguém mais pode reconhecê-la sob a máscara que lhe modelaste.
A nossa velha Alemanha era nobre, era santa; a nossa velha Alemanha tinha um coração.
Esta outra é um monstro medonho, que já nada tem de humano; avançando ao clarão sinistro dos incêndios.
Sua mão segura um archote inflamado que não poupa a choupana nem o palácio, nem o templo do senhor Deus, nem o asilo do sofrimento.
Esta tem os membros rubros do sangue inocente; caminha por sobre cadáveres de mulheres, de recém-nascidos, de moças e de velhos. Não é esta a nossa Alemanha, mas sim o monstro prussiano que tu aperfeiçoaste.
Mas, cuidado, Bismarck! O lobo Fenris está livre e devorará teus filhos e os próprios deuses de Vahala; porque são chegados os tempos, e foste tu que abriste a porta do abismo ao lobo furioso. Tu disseste: "A Força prima sobre Direito", e arremataste a obra ruim, construindo esta Alemanha, vergonha do mundo civilizado.
Ah! Orgulha-te da tua obra, Chanceler de Ferro! Olha: onde está a Bélgica? Onde estão Reims, Arras, e tantas outras cidades? A Alemanha, a tua Alemanha, passou por elas. Vergonha para ti, Chanceler de Ferro. Por onde passe o alemão nada encontra misericórdia.
Dize-me: teu coração se dilata? Esperavas tão rubras colheitas e tão belas espigas? Os filhos de teus filhos ultrapassaram o próprio Átila: orgulha-te, Bismarck; nenhum povo causou mais ruínas do que o teu.
Orgulha-te, eis a tua obra!
Quisestes a Alemanha acima de tudo; ela o está por meio do crime e do horror e, de séculos em séculos, se

há de falar do terror da grande guerra e que nenhum povo excedeu a crueldade dos Bárbaros vindos do Reno.
Sim, a tua Alemanha está acima de tudo no crime, no estupro, no incêndio, na pilhagem, e suas inumeráveis legiões são legiões do inferno.
Mas, cuidado, Bismarck, abriste caminho para o lobo Fenris e já as suas garras arranham os flancos da tua Alemanha, da tua monstruosa criação.
É a sua morte, apesar do seu velho deus saído da floresta da Hercínia, apesar de Odin, apesar de suas filhas, apesar dos seus guerreiros; o lobo Fenris saiu do abismo e os tempos vão-se realizar.
Ouve bem, Chanceler, os tempos vão se realizar e a raça dos chacais e dos abutres será destruída, apesar da sua força e apesar das suas garras; ela será varrida da superfície do mundo, ó Bismarck!
Eis aí o teu castigo. Quiseste a Alemanha acima de tudo; olha para o abismo sobre o qual ela está suspensa, o abismo em que vai despencar ao som das maldições e dos gritos de horror.
"A Força prima sobre o Direito" – tu disseste –, sim: um dia, e quando o malvado está no apogeu, Deus, o Deus do mundo, ergue a mão, e o malvado é precipitado no abismo.
"A Força prima sobre o Direito"! Olha, ó Chanceler, tu que com tuas próprias mãos preparaste a ruína de tua pátria.
Olha, olha, olha ainda, tu, o maldito, tu Bismarck, o parricida, que mataste a nossa velha Alemanha, a Alemanha do pensamento e do sonho: olha com todos os teus olhos: a expiação começa!

HENRI HEINE

SEGUNDA MENSAGEM

Para que me chamar e me fazer vir aqui, entre estes franceses a quem não amo?... Segui um ideal político que criticais. Primeiramente vós, Heine, um mau alemão e um renegado, não tendes o direito de falar de

uma nação à qual preferistes a França. Convosco falo sem retórica nem cólera, como homem de Estado, e se me fosse dado viver outra vez, recomeçaria a minha obra, evitando somente alguns erros.
Minha política criou uma Alemanha repleta de força material e de homens, não a renego.
Falais como poeta; mas um chefe de Estado não tem nervos nem sensibilidade. Vedes a derrota; mas o velho Bismarck ainda não disse a sua última palavra, e a Alemanha que por toda a parte pisoteou seus inimigos, tem o seu território virgem. Vós me falais de expiação. Esperai: minha obra ainda não desmoronou; somente quando os russos, os ingleses e os franceses entrarem em Berlim, podereis falar do crepúsculo dos deuses.
O poder é necessário aos grandes Estados, e o poder alemão não chegou ao seu termo.
A tarefa é rude; mas o velho Bismarck ainda está de pé, inspirando aos que têm o leme do governo do império.
A Alemanha ainda não está no abismo, e a expiação, como dissestes –, ave agourenta – , também ainda não chegou; o velho Chanceler não se rendeu e a máquina ainda funciona bem.
Ai dos nossos inimigos! As ruínas que fizemos nada são; ai deles, se os aliados nos obrigarem a recuar! Não ficará pedra sobre pedra em suas cidades, e nenhum inimigo sairá vivo de nossas mãos.
O alemão saberá vingar-se, e se um dia for abatido, ele vos morderá tão cruelmente que será indelével a marca dos seus dentes.
A Alemanha, mesmo assim, estará acima de tudo, e se cair, esmagar-vos-á na queda e ficareis mortalmente feridos pelo peso do colosso.

BISMARCK

TERCEIRA MENSAGEM

Infelizmente, o homem nefasto que tornou a Alemanha desnaturada, a quem todo o Universo detesta, continua obstinado em seu erro.
Por que Deus me fez morrer tão cedo? Eu teria detido esse movimento, que me apavorava, e teria reconstruí-

do uma Alemanha realmente pacífica. Meu infeliz filho levou até o fim a obra de Bismarck e o meu pobre país caminha para o abismo. A cultura dada às novas gerações cegou-as completamente e cada alemão vive no sonho do seu orgulho. O despertar será fulminante e terrível; como também terríveis serão as dilacerações interiores. Que tristeza sabermos que tantos males estão prestes a desabar sobre nossa pátria! Estou muito triste, muito infeliz ao ver um grande povo desonrar-se assim. Mas é preciso esta terrível guerra para purificar a raça alemã e preparar a sua evolução.

Esperai, ó franceses, e dai-vos por felizes, apesar dos males de que padece o vosso país, por não terdes nascido alemães e por pertencerdes à mais generosa nação do mundo, que se apieda até dos seus criminosos inimigos.

FREDERICO III

II

A escrita automática é o processo mais comumente utilizado pelos grandes espíritos para nos comunicarem os seus ensinamentos. Foi por meio das mensagens escritas que Allan Kardec elaborou a doutrina espírita.

Essas mensagens são notáveis por sua elevação e, embora obtidas em todos os pontos do globo pelos médiuns mais diversos, apresentam perfeita concordância no que se refere aos princípios essenciais. Não poderíamos considerá-las como obra pessoal desses médiuns, pois as opiniões e a educação destes estavam, na maior parte dos casos, em oposição com os pensamentos expressos.

A revelação espírita está, pois, acima das revelações que a precederam, devido ao seu caráter simultâneo e universal.

Entretanto, ela não as contradiz, mas antes as completa, ampliando o campo de nossos conhecimentos sobre o mundo invisível, a natureza e o destino dos seres. As divergências que se manifestavam inicialmente entre os espíritos latinos e os anglo-saxônicos, a respeito da reencarnação e das vidas sucessivas, tendem, com efeito, a atenuar-se e a desaparecer, tendo os últimos resolvido, provavelmente instigados pelos espíritos superiores, estudar o seu passado e pesquisar as suas vidas anteriores. Daí resulta que as crenças do Oriente e as do Ocidente se aproximam e se fundem em potente unidade, para o maior bem-estar e progresso do gênero humano. Aos poucos, lenta, mas seguramente, a humanidade constrói para si uma mesma alma, uma mesma consciência e uma mesma fé.

Citamos três mensagens que fazem ressaltar, com nitidez impressionante, o caráter dos seus autores. Eis aqui, agora, outra comunicação, inédita, de ordem moral, e que não traz nenhuma assinatura. Os espíritos superiores, por um sentimento de discrição, salvo em caso de absoluta necessidade, hesitam em se apresentar de outro modo que não seja por termos alegóricos, ou então se escondem sob o véu do anonimato. Mas é fácil distingui-los pela elevação de suas visões e pela profundeza de seu julgamento, ao passo que os espíritos frívolos divertem-se em se enfeitar com nomes célebres e emprestados nas mais insignificantes mensagens.

A comunicação seguinte foi obtida em 16 de julho de 1893 pela senhora Hyver, já citada, e a quem considero como um das melhores médiuns escreventes existentes. Vi-a, na semiobscuridade, encher numerosas páginas, que ela atirava para trás de si com movimentos febris. Essas páginas, reunidas e coordenadas, apresentavam mensagens tão notáveis pela forma como pela essência.

Da unidade de crença.
A mais perfeita união que possa existir entre os homens, é a união do pensamento, a harmonia dos corações e das inteligências em uma ideia comum. É o que falta aos cultos atuais: não possuem um vínculo comum que permita fazer circular, no mesmo momento, por todos os fiéis, o mesmo sentimento ou a mesma inspiração. São estranhos entre si, o sacerdote e os assistentes; sob a aparência da forma observada, o culto real é frio e morto; os raros impulsos de fé individual afogam-se na vaga confusa da multidão, e a religião deixa de ser a expressão dos sentimentos de um povo.
A diferença das inteligências, das educações e das

condições sociais levanta, entre os indivíduos, barreiras muitas vezes intransponíveis, mas que podem ser derrubadas pela comunhão da fé e pelo mesmo ideal religioso.

A cada povo é preciso uma religião que seja a língua comum de todos os indivíduos. Ora, esse ideal é pouco compreendido pelas religiões atuais, que dele foram se desviando no curso dos tempos. Nenhuma delas é realmente popular. A religião nova, que a humanidade reclama, simples como tudo o que é belo, poderosa como tudo o que é verdadeiro, grandiosa como tudo o que é justo, deve satisfazer as aspirações do espírito mais amplo e ser compreendida pelos mais humildes. Ao grande movimento de massas que se vai estendendo por toda a Terra para a conquista da igualdade social, é preciso que corresponda o movimento religioso, e é o que falta às ações humanas quando não são animadas pelo sopro do ideal.

O povo tornou-se indiferente a todos os cultos. Para fazê-lo retornar ao sentimento religioso, cumpre que se abandonem todos os dogmas em proveito da essência da religião e apenas buscar nas formas antigas os pontos gerais que fazem delas as transcrições de uma mesma página universalmente escrita para todos os homens À religião deve corresponder não somente à vida social e à vida moral, como outrora, mas à ciência; deve penetrar em todas as camadas da sociedade, corresponder a todos os ramos do saber humano e dar a todas as aspirações dos homens, a todos os seus trabalhos, uma base comum.

A França, em particular, retornará ao ideal religioso, mas tão somente depois de grandes provações que lhe deterão nos lábios o sorriso incrédulo que lhe é habitual. Mais do que qualquer outra nação, ela é capaz de dar essa forma popular que é necessária à ideia religiosa. Por sua língua, pelo gênio de sua raça, pelo profundo poder de assimilação dos franceses, a nossa pátria é uma nação privilegiada.

Por si mesma, a França é una e múltipla. Cada província apresenta um tipo particular de atividade humana e toda a raça se encontra, entretanto, fortemente centralizada. Situado entre o Norte e o Sul, o francês escapa aos dois caracteres extremos; sendo, entre os outros povos, o tipo que a todos realiza e por isso mesmo é capaz de traduzir, para todos, o grande movimento do pensamento. Esse grande movimento está muitíssimo próximo, mas antes de sua realização, é indispensável que profundas crises sociais ocorram na França e em toda a Europa.

Essas revoluções, essas lutas dos povos, acenderão as faculdades superiores dos homens, fazendo nascer os grandes sentimentos de fraternidade e de caridade; os infortúnios das nações irão conduzi-las a Deus.

O papel da França será maravilhoso, pois ela estenderá o seu poder moral sobre todas as nações, do Norte ao Sul, do Leste ao Oeste, lutando pela justiça. Será ela quem introduzirá a ideia religiosa na vida social; trabalhará pela transformação das condições da vida dos seres, por meio das conquistas do verdadeiro progresso, que deverá ser a diminuição de todo sofrimento, o respeito por todas as vidas e a elevação de toda inteligência. Se o papel da França ainda parece vago, é porque ela se prepara inconscientemente para preenchê-lo e porque os progressos que ela alcançou foram justamente libertar-se do jugo religioso e ampliar os direitos e os poderes de cada um. Os excessos causados por esse novo estado impedem que se veja claramente o enorme passo dado para frente, a ruptura dos vínculos que ligavam a França a um passado morto. O materialismo que domina na França é antifrancês, antiariano. O francês é demasiadamente artista e demasiadamente idealista para persistir por muito tempo em um caminho que só lhe oferece o lado inferior da criação. Ele possui um fundo de bondade, de generosidade e de grandeza que as sérias circunstâncias farão reaparecer.

A humanidade chegou para as raças civilizadas àquele ponto em que todas as verdades descobertas pelos homens acabam por convergir, formando um mesmo foco e iluminando toda a Terra. Cada nação será chamada a participar desse grande trabalho; cada povo trará a sua pedra para o templo da religião universal.

Essa religião nova será formulada pela própria força das coisas. Nascerá da massa movida por um grande ideal. Expressar-se-á por vozes inspiradas; será dirigida por almas de elite e estenderá a sua influência pelo mundo.

Todos os povos do passado e todos os povos do presente nela figurarão pelo que têm de mais puro e de mais belo. Cada bíblia irá fundir-se na grande bíblia universal, cada religião trará o seu raio ao novo sol; tudo o que separou os homens dissipar-se-á; pois eles terão compreendido que não há ritos, dogmas, nem livros; que a letra se apaga diante do espírito, e que o espírito que sopra sobre o mundo é o amor na sua dupla auréola de bondade e de inteligência.

Outra mensagem, obtida de um acadêmico, fervoroso católico na Terra, morto há poucos anos.

11 de abril de 1910.

Minha expectativa não me decepcionou, pois a morte confiou-me o supremo segredo que em vão tentava penetrar minha alma.

Sempre acreditei em outra vida que viesse aperfeiçoar a presente; mas não pensava encontrar esse radiante esplendor do Espírito Divino, que ilumina com os seus múltiplos raios a obscura inteligência humana, para permitir-lhe contemplar a admirável construção do Universo e a sublime harmonia que ordena todas as suas partes.

Como tão cintilante revelação não se manifesta ao homem carnal, para tirá-lo dos limbos em que vegeta, no meio dos nevoeiros de seu pensamento e dos erros de seus sentidos?

Talvez o êxtase o abatesse, tirando-lhe todo desejo de ação. Talvez esses nevoeiros acumulados em torno de nós, talvez esses erros dos nossos sentidos sejam necessários à gestação do nosso ser espiritual. Talvez o esforço seja a base desta vida universal, como indica a sua aspiração para esse infinito que buscamos, mesmo através das mais grosseiras manifestações da nossa personalidade ainda inconsciente.

Demasiado novo ainda na vida espiritual, posso apenas desfrutar o espetáculo grandioso que se abre aos meus olhos, sem poder aprofundar as causas secretas que fazem da humanidade terrena uma humanidade enclausurada, vivendo no cárcere da matéria, ao passo que a humanidade celeste abre as suas asas de arcanjo nas imensidões siderais onde se manifestam todas as forças universais no seu maravilhoso conjunto e nos seus efeitos tão diversos e, contudo, tão harmoniosos.

Os sonhos dos poetas, as visões dos místicos, as intuições do gênio, as constatações da ciência, as realizações mais perfeitas da arte, são apenas os débeis ecos e as percepções minoradas que os homens mais dotados apreendem por clarões, quando a matéria, por instantes, domada, permite á alma entrever alguns pálidos reflexos do mundo divino.

Como é doce a morte para quem nela confiou e a aguardou, não como o fim de todas as coisas, mas como o prelúdio de uma fulgurante ressurreição! Feliz aquele que, como eu, fechou as pálpebras sob a obscuridade de um mundo que se esboça, para reabri-las no triunfo de um mundo acabado!

Nenhum ser vivo pode imaginar a ardente alegria que invade o novo eleito. É a alma liberta que alça seu voo na certeza e na vida, após ter durante muito tempo errado na dúvida e na morte.

Ressurreição! Ressurreição! Glória ao Senhor! O homem, como Cristo, ressuscitou dos mortos, para penetrar na cidade dos eleitos.

* * *

A inspiração, com a qual se beneficiam certos escritores, pode ser considerada, em muitos casos e tal como demonstramos em outra obra[3] como uma das formas da mediunidade. Quando uma vaga de pensamentos nos invade e a nossa pena tem dificuldade de transcrevê-los no papel, podemos crer nas eflorescências do *eu* subliminar ou, mais frequentemente, em uma ação do mundo invisível cujos pensamentos nos envolvem e penetram.

O pensamento é uma força cujas vibrações se estendem como se estendem sobre a superfície da água os círculos produzidos pela queda de um corpo. Em extensão e força, as vi-

---
[3] Vide *No Invisível* (Espiritismo e mediunidade), último capítulo.

brações do pensamento variam segundo a causa que as produz; os pensamentos das almas superiores vibram a incalculáveis distâncias; o pensamento de Deus anima e enche o Universo. O pensamento exterior não nos obedece, nos domina: desde que a alma humana se livra das preocupações habituais e se eleva, começa a sentir as correntes de vibrações que, aos milhares, se entrecruzam e percorrem o espaço. O médium, mais do que os outros, sofre seus efeitos.

O pensamento superior estende-se sobre todos, mas nem todos o sentem nem o manifestam com a mesma intensidade. Assim como uma máquina obedece à corrente elétrica que a aciona, o médium obedece à corrente de pensamentos que o invade.

O pensamento do espírito atuante é uno, em seu princípio de emissão, mais varia em suas manifestações segundo o estado de maior ou menor perfeição dos instrumentos que emprega.

Como já vimos, cada médium marca com o cunho de sua personalidade o pensamento que lhe vem de cima. Quanto mais ele é desenvolvido e espiritualizado, mais a matéria e os instintos nele são reprimidos, e o pensamento superior será transmitido com mais pureza e felicidade. O essencial, durante as seções, é a passividade e o abandono momentâneo da faculdade de pensar.

O objetivo do espiritismo é o de familiarizar-nos com esse mundo pouquíssimo conhecido, com essas aptidões da alma que, quando está pura e liberta dos ambientes grosseiros, pode reproduzir os ecos, as vozes e as harmonias dos mundos superiores e tornar-se uma fonte de inspiração, de socorro e de luz, pela qual o influxo exterior desce até nós para retemperar-nos e vivificar-nos.

O essencial, para abrir essa fonte interior, para promover essa comunhão e torná-la constante é nos libertarmos, o mais possível, das sugestões da matéria, das suas paixões violentas, eliminando em nós os rumores externos.

É, sobretudo, reprimindo tudo o que vem do *eu* egoísta que facilitamos a penetração de influências superiores. Quanto mais rejeitarmos os elementos inferiores da personalidade, mais desenvolveremos os poderes e as faculdades inatas que estabelecem a nossa comunicação com os mundos celestes.

Dirijamos, pois, todos os nossos pensamentos e todos os

nossos atos para um objetivo elevado: e isso é possível, mesmo nas mais humildes condições sociais, mesmo no meio das ocupações mais comuns. Chamemos, pela prece espontânea, por esse elã do pensamento que não é uma simples repetição de palavras, mas um grito do coração, essa inspiração, esse influxo de cima que se irá avolumando de tal maneira, que a comunhão com o que há de grande e de elevado no invisível tornar-se-á familiar e constante para nós. Tornar-nos-emos, assim, intermediários e agentes do pensamento superior. Por esse meio obteremos tal força, tal apoio que, doravante, não mais haverá em nós desânimo, hesitação e fraqueza e sentir-nos-emos imbuídos dessa confiança e dessa serenidade que a posse dos bens imorredouros do espírito pode nos oferecer.

Capítulo **24**

A experimentação espírita
Tiptologia

Nas horas em que tudo dorme, quando o silêncio se faz em nossas casas, um mundo misterioso agita-se em torno de nós. Ouvimos ruídos leves, como coisas que se roçam; passos furtivos parecem deslizar no assoalho; soam pancadas nas paredes e nos móveis; as cadeiras estalam como sob o peso de um corpo invisível. O dia é a vida dos homens; a noite é, de preferência, a dos espíritos, pois as irradiações da luz já não lhes atrapalha as manifestações.

Essas impressões e percepções renovam-se para mim quase todas as noites, no momento em que a calma e a escuridão se sucedem aos rumores e ao brilho do dia. Então, as almas queridas que as nossas preocupações e os nossos afazeres mantinham afastadas, aproximam-se e marcam a sua presença, cada qual à sua maneira. Reconheço-as e as distingo com facilidade. Ora um espírito, de caráter enérgico, dá pancadas vibrantes em minha janela ora outro faz ouvir, sempre no mesmo canto, pancadas muito mais fracas, pelas quais se revela a sua natureza tímida e feminina. Por muito tempo, após a morte de meu pai, percebi no aposento em que me encontrava sozinho, ruídos de passos semelhantes aos passos de um homem. Outro espírito empenha-se em me fazer ver luzes, por vezes bem vivas e intensas e até mesmo uma forma indistinta, vagamente esboçada, luzes e forma que não pude atribuir a alucinações visuais, já que se refletiam no espelho. O hábito que adquiri de ler com os dedos, no escuro, pelo método Braille, facilita a produção de tais fenômenos.

Não são raros semelhantes fatos e acontecem em todas as casas em que se acham reunidas as condições psíquicas favoráveis. Mas a maioria dos homens não lhe presta nenhuma atenção e são quase sempre perdidos os esforços dos espíritos nesse sentido. Entretanto, de vez em quando, produzem-se retumbantes afirmações que vêm sacudir a indiferença geral. É assim que o senhor Louis Barthou, da Academia Francesa, depois de ter consultado os cadernos inéditos de Victor Hugo, escreve na *Revue des deux Mondes* [*Revista dos dois Mundos*].[1]

> Tendo vindo passar dez dias em Jersey, a senhora de Girardin ali introduziu o uso das mesas girantes e falantes. Victor Hugo foi o último a aceitá-lo, mas desde que aderiu, os espíritos não o largaram mais e sobre ele exerceram uma influência cujos vestígios encontram-se em vários fragmentos das *Contemplações*:
> *Est-ce toi que chez moi minuit parfois apporte?*
> *Est-ce toi qui heurtais l'autre nuit à ma porte?*
> *Pendant que je ne dormais pas?*
> *C'est donc vers moi que vient lentement ta lumière?*
> *La pierre de mon seuil peut-être est la première*
> *Des sombres marches tu trépas.*[2]

Escrita em Marine Terrace, na noite de 30 de março de 1854, essa poesia mística prolongava o seu eco na nota que Victor Hugo escrevia em seu caderno em 24 de outubro de 1873.

> Naquela noite, eu não dormia. Eram cerca de três horas da madrugada. Um golpe seco e fortíssimo foi desferido ao pé de minha cama, contra a porta do meu quarto. Pensei em minha filha morta, e disse para mim mesmo: "És tu?". Pensei depois na conspiração bonapartista de que se fala, em um novo Dois de Dezembro possível, e perguntei a mim mesmo: "É um aviso?" Acrescentei mentalmente: "Se fores realmente tu que aí estás, e se vens avisar-me desse complô, dá duas pancadas". E esperei: passou, aproximadamente, meia-hora. A noite

---
1 Publicada em 15 de dezembro de 1918, pp. 747, 751 e 757.
2 Em tradução livre: És tu que à minha casa a meia-noite por vezes traz?/ És tu que batias na outra noite à minha porta/ Enquanto eu não dormia?/ É, pois, para mim que se dirige lentamente tua luz? A pedra da minha soleira talvez seja o primeiro/ Dos sombrios degraus da morte.

era profunda e reinava completo silêncio na casa. De repente, duas pancadas se fizeram ouvir contra a porta. Eram, daquela vez, surdas, mas distintas e bem nítidas.

Louis Barthou continua:

> Victor Hugo escrevia em 21 de Novembro de 1871:
> Essa noite acordei; eu tinha ouvido, bem pertinho de mim, surdas pancadas à minha cabeceira. Eram pancadas lentas e regulares que duraram um quarto de hora. Eu escutava. Aquilo não cessava. Orei e elas pararam. E eu disse: "Se és tu, minha filha, ou tu meu filho, dá duas pancadas". Passados dez minutos, aproximadamente, foram desferidos dois golpes, mas contra a parede, ao pé da cama. Eu disse, sempre mentalmente: "É um conselho que estás me trazendo? Devo sair de Paris? Devo ficar? Se devo ficar, dá uma pancada. Se devo partir, três pancadas". Escutei. Silêncio. Mais nenhuma resposta. Tornei a adormecer. O fenômeno durou cerca de uma hora.
>
> *22 de novembro.* – Naquela noite, ouvi três golpes. Seria a resposta á pergunta de ontem? Sendo tão tardia, pareceu-me pouco clara.

Várias vezes o caderno menciona esses mesmos golpes noturnos, ora obstinados, surdos e até mesmo metálicos, ora leves comovendo o poeta que continua crendo na possibilidade de um pronunciamento bonapartista e seus amigos lhe afirmam que ele será a primeira vítima.

Ainda se lê, na página 757:

> Nessa noite, por volta das duas horas, ouvi uma pancada em minha porta, fortíssima e de tal forma prolongada que a abri; não havia ninguém, mas, evidentemente, havia alguém. *Credo in deum ternum et in animam immortalem.*

Victor Hugo admirava-se da lentidão usada pelos moradores do Além para responder às suas perguntas. Ele ignorava, certamente, que nem todos os espíritos possuem, igualmente, a habilidade e os recursos necessários para produzirem ruídos, pancadas, levantar mesas, produzir fenômenos. A natureza psíquica dos percipientes, a sua riqueza ou pobreza fluídica concorrem bastante para a variedade dos resultados, já que é neles que os espíritos haurem, quase sempre, os elementos para suas manifestações.

Enquanto o ambulante de Hydesville – e isso serviu de ponto de partida para o espiritualismo moderno – conversava com as senhoritas Fox por meio de *raps*,[3] de modo rápido e continuo, a maior parte dos espíritos vê-se na obrigação de condensar fluidos pelo pensamento e pela vontade, para projetá-los contra as paredes, os móveis e as portas, e assim obter ressonâncias e vibrações. Esse trabalho exige às vezes, horas e até dias inteiros. Foi provavelmente este o caso dos visitantes da casa do grande poeta.

* * *

O conjunto dos fenômenos psíquicos é atestado por testemunhos formais. O professor Flournoy, da Universidade de Genebra, escreveu a respeito do relatório do Instituto Geral Psicológico, assinado por nomes ilustres, tais como Curie, Bergson, d'Arsonval, Branly, Ed. Perrier, Boutroux etc., o seguinte:

> O relatório do Instituto Geral Psicológico é esmagador. Sou de parecer que ele constitui um testemunho brilhante e decisivo, tanto quanto pode haver alguma coisa decisiva na ciência.

Entre os fenômenos, devemos colocar em primeiro lugar o das mesas. O eminente astrônomo Camille Flammarion declarou: "A levitação da mesa, sua suspensão completa do solo sob a ação de uma força desconhecida, contrária à gravidade, é fato que já não se pode, razoavelmente, contestar".

Essa "força desconhecida" –, diremos –, é posta em ação pelos espíritos. A prova disso tem sido obtida tantas vezes que poderíamos hesitar na escolha diante dos numerosos casos existentes. Aqui está um que parece responder às exigências da mais rigorosa crítica. Ele não pode ser explicado pela sugestão,

---
[3] Golpes ou pancadas.

pela transmissão do pensamento nem tampouco pelo automatismo inconsciente ou subliminar, porque nenhuma das pessoas presentes acreditava no falecimento do manifestante. O relato vem do senhor A. Rossignon, então secretário da Inspeção Acadêmica de Rouen, fato que ele publicou no *Phare de Normandie* do mês de maio de 1898. Hoje Rossignon mora em Tours, e à sua pena devemos a narrativa seguinte:

> A sessão realizava-se à noite, em Rouen, na casa de um membro do grupo Vauvenargues, o senhor Justrobe, inspetor dos impostos. Faziam parte da reunião os senhores Pelvé, tesoureiro, Ernest Rossignon filho, secretário do Liceu Corneille, Albert de la Beaucie, estudante de farmácia; a senhora Bernard, principal médium; as senhoras Justrobe, Pelvé, Rossignon mãe etc., ao todo dez pessoas de perfeita respeitabilidade, reunidas em volta de uma pesada mesa redonda.
>
> Feita a evocação, um espírito manifesta a sua presença por meio de violentos movimentos da mesa. Esta se dirige para o senhor A. Rossignon, levanta-se diante dele e depois retorna à sua posição normal. Interroga-se, então, o visitante invisível, perguntando-lhe se laços de parentesco ou de amizade o ligam a algum dos assistentes. Ele responde afirmativamente e dita, pelo processo alfabético, que ele é *o pai* do senhor A. Rossignon, e que morrera na véspera, quarta-feira 20 de abril, indicando até a hora: "ao meio-dia".

O senhor Rossignon explica que seu pai é muito idoso e que uma distância de mais de 300 quilômetros os separa. Sabia que ele estava doente, mas não em perigo de vida. "Além disso –, acrescenta ele –, se fosse verdade que meu pai houvesse morrido, a família me teria informado; ora, não recebi nenhuma notícia". Todos opinaram que estravam tratando com um embusteiro.

Não foi longa a espera: no dia seguinte, pelo correio do meio-dia, o senhor Rossignon recebia de sua família uma carta informando-o da morte de seu pai, *ocorrida no dia e hora por este indicados.*

Devido à ausência de uma agência de correio na localidade, dera-se um atraso na expedição da carta. Disso puderam certificar-se os nossos amigos do grupo, pelo exame dos carimbos de expedição e de chegada. Atestaram, então, a veracidade do fato relatado, e a carta foi anexada à ata.

Mas, poderão contestar, como é que um espírito, liberto do corpo carnal havia tão pouco tempo, já podia se comunicar e dar tamanha precisão às suas respostas? Interrogado a esse respeito em uma sessão ulterior, disse-nos o guia do grupo: "Eu mesmo havia trazido para os senhores o novo desencarnado, e era o seu intermediário na manifestação entre os senhores e ele".

Tudo se explicava, dada a facilidade com que, em certos idosos, o espírito pode desprender-se dos seus laços, em decorrência de uma lenta decrepitude, cujo resultado é favorecer ou realizar, pouco a pouco, o desprendimento do corpo perispiritual.

* * *

A comunicação por pancadas realizadas pelos pés de uma mesa, indicando sucessivamente todas as letras do alfabeto, é considerada, em geral, como um processo muito lento, monótono, rudimentar, empregado principalmente por espíritos de ordem inferior. É certo que, se, para conversar com os espíritos, dispusermos de um bom médium escrevente mecânico ou, ainda melhor, de um médium de incorporação, como tive um por mais de vinte anos, acharemos o uso das mesas incômodo e fastidioso. Acontece, porém, que, na falta de outros recursos, entidades de alto valor não vacilam em recorrer a tal processo. Foi assim que o meu venerável guia, Jerônimo de Praga, se revelou pela primeira vez, no decurso de minha vida, no meio de um grupo de operários, em um subúrbio de Mans, em 02 de novembro de 1882, dia de Finados. Certamente, nenhum dos outros assistentes conhecia a história do apóstolo tcheco, mas eu bem sabia que o discípulo de Jan Huss fora queimado vivo, como o seu mestre, no século XV, por ordem do Concílio de Constança, mas não pensava nisso naquele momento. Revejo ainda, pelo pensamento, a humilde habitação na qual realizávamos a sessão; éramos aproximadamente dez pessoas, em volta de uma mesa de quatro pés, sem que nela tocássemos. Somente dois operários, médiuns mecânicos, e uma mulher nela apoiavam as mãos rudes e escuras. E eis o que o móvel ditou por movimentos solenes e ritmados.

> Deus é bom! Que sua bênção se espalhe sobre vós como o orvalho benéfico, pois as consolações celestes apenas são distribuídas aos que procuraram a justiça.
> Lutei na arena terrena, mas a luta era desigual. Sucumbi, mas das minhas cinzas surgiram defensores corajosos que marcharam pela mesma estrada que eu. São todos meus filhos bem-amados.
>
> Jerônimo de Praga

* * *

O uso da prancheta americana deve ser considerado um aperfeiçoamento do sistema de comunicação pela mesa. Esse aparelho consiste em uma placa de madeira triangular, colocada sobre três bolas feltradas que deslizam em silêncio sobre um quadrante, onde estão traçadas, em semicírculo, as letras do alfabeto. Exige, somente, uma quantidade mínima de força fluídica, fornecida por dois médiuns, cujas pontas dos dedos se apoiam nesse pequeno veículo que adquire, em alguns casos, uma velocidade extraordinária. Tal sistema é cada vez mais usado nos grupos e nas famílias que se ocupam com psiquismo experimental.

A senhora Ella Wheeler Wilcox, autora de renome, conhecida nos Estados Unidos pelas suas obras poéticas e literárias, tradutora do meu livro *O Problema do Ser e do Destino* obtém, pela prancheta, frequentes mensagens do seu finado marido, Robert Wilcox. Este se constituiu seu guia; protegendo-a e aconselhando-a na viagem de conferências que ela empreendeu na Europa, em benefício moral dos soldados americanos.

A senhora Wilcox escreveu-me de Londres, em 7 de novembro de 1918, para mostrar-me uma prova de identidade que me julgo no dever de guardar e publicar:

> Ontem, dia do meu aniversario, recebi pela "Oui-Jà"[4]

---
4 Nome dado à prancheta.

a primeira mensagem de meu marido, em Londres. A sessão começara pela escrita automática e vários espíritos já haviam se comunicado. A senhorita Monteith, médium escrevente e auditiva, estava perto de mim e da outra senhora ocupada na "Oui-Jà". Subitamente ela ouviu a palavra "aurora", e começou a desenhar um nascer do sol no mar. Sem ser artista, ela fazia um quadro muito bonito, coisa de que pediu explicação. Respondi-lhe: "Sempre em nossa casa à beira-mar, meu marido e eu acordávamos bem cedo para ver a aurora raiar sobre o oceano. Era, para nós, uma hora sagrada. Muitas vezes meu marido me dizia: "Se eu morrer primeiro, creio que minha alma voltará do Céu para ti, no alvorecer". Esse incidente foi-me muito agradável e eu tinha a certeza da presença de meu marido. Em setembro, em Tours, ele muitas vezes me predisse, pela prancheta, que aqui eu encontraria sir Oliver Lodge e outros psiquistas eminentes, e que seria convidada a falar dos fatos espíritas. Estou em Londres há um mês; falei duas vezes nos salões públicos, três vezes nos salões da alta sociedade. Deverei encontrar sir Oliver em 18 de novembro, Lady Barrett e, também, a senhora. Leonard, a médium pela qual sir Oliver Lodge voltou a encontrar seu filho Raymond, morto pelo inimigo.

Poderíamos multiplicar as citações dessa espécie. Limitar-nos-emos a fazer notar que as impressões produzidas no leitor por narrativas muitas vezes secas e frias não se comparam com as que sentem as pessoas que assistem às sessões. A rapidez dos ditados, a completa inconsciência dos médiuns, a intervenção evidente de outras inteligências, que não são as dos experimentadores e mil detalhes psicológicos são alguns dos elementos de convicção, ao passo que a simples leitura dos mesmos fatos os faz perder, forçosamente, seu valor para todos aqueles que desconhecem o ambiente das reuniões.

Capítulo 25

A experimentação espírita
Provas de identidade

Como já dissemos, as provas da existência e da manifestação dos espíritos são abundantes. Constituem um todo bem considerável para que todas as dúvidas e todas as hesitações se desvaneçam após um estudo sério e aprofundado. É o caso dos cientistas eminentes que se ocuparam com os problemas psíquicos. Iniciaram seu exame com disposições antes hostis, imbuídos da ideia que ali havia erro ou fraude, e após perseverantes investigações, chegaram a afirmar, de modo formal, a realidade dos fenômenos. Não resta dúvida que souberam determinar a parte que compete à fraude e à impostura inevitáveis em qualquer meio humano; mas estabeleceram que grande quantidade de fatos escapa a qualquer imitação possível. Por exemplo, as moldagens de mãos e pés realizadas na parafina fervente e que, depois de resfriada, deixava os experimentadores de posse de objetos que são alguns dos testemunhos da presença e da passagem de seres invisíveis.

Foi por isso que Camille Flammarion pôde escrever:

> Correntemente se fala de fraudes, porém existem as materialmente impossíveis como, por exemplo, as moldagens de mãos. Até o momento, nenhum escultor conseguiu não somente imitar, mais ainda explicar essas impressões no mástique ou essas moldagens em parafina nas quais não aparece nenhum vestígio de soldagem. Outro exemplo é o de certas fotografias que são o deses-

pero dos fotógrafos... Por outro lado, de todos esses fenômenos desconcertantes do psiquismo, existiria apenas um que, seriamente, se tenha conseguido imitar?

Os fenômenos de moldagens necessitam de algumas explicações. Em todos esses casos, a parafina é derretida em certa quantidade de água fervente. Os espíritos materializados mergulham aí suas mãos, retiram-nas para, em seguida, introduzi-las em um vaso de água fria em cuja superfície os moldes ficam flutuando. Sendo a abertura do pulso menor que o resto da mão, seria preciso, portanto, que essa mão pudesse se dissolver fluidicamente para deixar o molde intato. A mão humana não poderia ter se desprendido do molde sem quebrá-lo.

Pés foram obtidos da mesma maneira e esses fatos só podem ser compreendidos pela ação de seres invisíveis.

O professor Denton pôde obter, na América, fenômenos desse gênero dentro de uma gaiola fechada à chave. São dignos de nota, entre outros casos, o fato de duas mãos, completas até os punhos, se segurando. Nenhuma intervenção humana poderia ter produzido tal resultado.

No Congresso Espiritualista Internacional de Paris, em 1900, ao qual presidi, tinha sido organizado um museu espírita. Lá se viam moldagens de mãos de todas as dimensões, desde mãos enormes até mãos de crianças. Segundo os expositores, elas não apresentavam quaisquer semelhanças com as mãos dos médiuns ou com as dos assistentes das sessões em que foram obtidos tão estranhos fenômenos.

* * *

Em todos os fatos de ordem psíquica, é importante buscarmos, acima de tudo, provas de identidade, isto é, as particularidades e os pormenores suscetíveis de verificação e de controle, pelos quais se revelam o caráter e a verdadeira natureza dos seres que intervêm nas manifestações.

A esse respeito, convém assinalarmos a vidência e a incorporação no transe ou sono magnético. Neste último caso, o médium pronuncia palavras e por vezes até discursos de que não tem consciência e que, ao despertar, lhe não deixam lembrança alguma na memória. À medida que o transe torna-se mais profundo, percebe-se que uma personalidade estranha substitui a do médium, produzindo-se, então, uma espécie de transfiguração.

O médium, por sua atitude, gestos e linguagem, representa a maneira de pensar e agir de uma individualidade cuja existência comumente ignora e que os assistentes reconhecem como um de seus parentes ou amigos falecidos.

Travam-se, então, conversas. As respostas do espírito às perguntas formuladas, as referências, as recordações, os traços comuns de sua existência anterior que viveu com as pessoas presentes constituem, para estas, alguns dos elementos de certeza em relação à identidade do morto.

Nessa ordem de fatos, o caso mais notável parece-nos ser o do professor Hyslop, da Universidade Colúmbia, em Nova Iorque. Por intermédio da célebre médium, a senhora Piper, ele formulou ao espírito de seu pai 200 perguntas sobre pequenos detalhes de sua vida de família antes do seu nascimento. Para verificar a exatidão das respostas, foi preciso fazer uma viagem de muitas semanas através dos Estados da União, por onde se achavam espalhados os membros da família Hyslop. Das 200 perguntas, 152 respostas foram reconhecidas como certas e as demais duvidosas, por falta de verificação.[1]

Em outro livro[2] relatamos cerca de 20 casos escolhidos entre os mais comprobatórios. Aqui estão outros, mais recentes, cujo interesse não é menos vivo porque estão relacionados com a Grande Guerra. O primeiro é extraído dos *Annales des Sciences Psychiques*, número 1, página 44, 1918. Tais casos classificam-se entre os fenômenos de visão e audição.

A revista inglesa *London* publicou em seu fascículo de outubro de 1917, o relato de Richard Wilkinson, que a redação declara ser um homem de negócios muito conhecido em Londres e que antes era muito cético em relação a qualquer fenômeno supranormal. O intuito de Wilkinson, ao publicar tal artigo, foi apresentar fatos que o consolaram em sua dor e podem igualmente consolar milhares de outras pessoas.

---

[1] Vide *No Invisível (Espiritismo e mediunidade)*.
[2] Vide a mesma obra, capítulo XXI.

Em novembro de 1916 – diz ele –, meu filho foi mortalmente ferido quando se encontrava à frente dos seus homens, no combate de Beaumont-Hamel, e poucos dias depois morreu, aos 19 anos de idade. Minha mulher e eu pudemos assistir aos seus últimos momentos, em um hospital da França. Era o nosso filho único e o sentimento que a nós o ligava era o de terna camaradagem e de afeição filial.

Quando regressamos à Inglaterra, uma amiga de minha mulher, penalizada com sua dor, mandou-lhe o livro de sir Oliver Lodge, *Raymond*. Eu tinha prevenções contra essas investigações e pedi à minha mulher que o não lesse. Ao ver que isso a contrariava muito, não insisti, mas declarei energicamente que não queria me envolver com tamanho absurdo.

Ela ficou tão impressionada com a leitura, que recorreu a todos os argumentos para acabar com o meu preconceito e levar-me a ler, por minha vez, aquela obra. Acabei por ceder, mas essa leitura não foi suficiente para convencer-me, embora eu admirasse a beleza da doutrina e reconhecesse meu erro de tê-la condenado a priori. Minha mulher escreveu a sir Lodge para com ele se aconselhar. Ele não nos conhecia, mas a afinidade do nosso infortúnio comum levou-o a apresentar-nos uma amiga que organizou para nós uma sessão com o médium Vout Peters.

Nessa primeira tentativa, disseram-nos que nosso filho, ao passar para o Além, fora recebido por John, Elisabeth, William e Edward.

Os três primeiros nomes eram os de meu pai, de minha mãe, de meu irmão, falecidos há muito tempo, mas o de Edward era-me desconhecido. Impressionado com a exatidão dos três primeiros nomes, escrevi ao meu irmão mais velho, perguntando sobre um irmãozinho que eu sabia ter morrido antes do meu nascimento, e ele me respondeu que essa criança, de nome Edward, falecera com doze semanas de idade.

Durante aquela mesma sessão, meu filho, conhecendo a minha incredulidade, declarou que desejava vivamente provar-me a sua presença e fez alusão a um fato íntimo, conhecido somente por minha mulher e por mim. Trata-se de algo tão secreto que não posso narrá-lo aqui.

Outro fato:

Embora meu filho não se chamasse Roger, sempre foi assim chamado, menos por sua mãe que só o chamava Poger.
O médium soletrou um nome, "Ro.." e disse-nos, sem poder dar as duas letras seguintes, que a ultima era "r". Respondi: "É o nome de meu filho; quereis dizer: Roger". O médium replicou: "O rapaz diz que não devo dizer Roger, mas Poger".
Intrigado com esses fenômenos, eu quis ir mais longe. Dirigimo-nos a outra médium, a senhora Osborne Leonard. Tomamos o cuidado de não lhe dizer quem éramos e o objetivo de nossa visita. A primeira coisa que ela nos disse foi uma descrição exata e minuciosa do nosso filho, como também o nome de Poger, acrescentando que Elisabeth, John e William ali se achavam e lhe davam assistência.
Minha mulher estava preocupada como fato de não encontrar as suas próprias cartas entre os pertences de seu filho, mas nada me dissera a esse respeito. A médium declarou que Roger lhe mostrava uma bolsinha com fecho que se encontrava entre seus pertences e que fora esquecida. "É ali – disse a senhora Leonard – que sua mãe encontrará os escritos que está procurando". Ao regressarmos à casa, verificamos que a afirmativa estava correta.
Na mesma sessão, a médium estendeu a mão e mostrou-nos um objeto semelhante a uma moeda, cuja natureza real ela ignorava. Minha mulher sugeriu que podia ser um botão militar de cobre com o qual fora feito para ela um medalhão. A médium, porém, insistiu, dizendo que acharíamos entre as coisas do nosso filho um objeto de bronze. Roger desejava que nele se fizesse um orifício, para que sua mãe pudesse trazê-lo consigo como lembrança. Efetivamente, encontramos em casa, dentro de uma caixinha, urna moeda de *penny*, encurvada por uma bala que a atingira.
Pouco tempo depois, minha esposa viu junto de si, em Brigthon, o nosso filho, e nada lhe pôde fazer supor que se tratasse de uma autossugestão ou de uma alucinação. Regressando a Londres, ela, a princípio, não

falou disso a ninguém, mas a médium, Annie Brittain, declarou-lhe logo que a viu: "Vosso filho deseja informar-vos que foi exatamente ele quem a senhora viu; não foi sonho e permitiram que o véu, por um instante, se levantasse".

Nessa sessão, a senhora Brittain disse-nos coisas maravilhosas. Nenhum médium jamais chamara minha mulher pelo nome que nosso filho lhe dava; Ela ficou radiante de alegria quando ele lhe disse: "Até breve, meu anjo!" nome com o qual gostava de chamá-la.

Se alguém, há apenas um ano, houvesse insinuado que eu viria a dizer e a escrever semelhantes coisas, responderia que era impossível.

* * *

O senhor H. Mérou, cônsul geral da França em São Francisco, atualmente aposentado em Thonon (Alta Saboia) e cujo filho, um jovem oficial, teve na ultima campanha uma morte gloriosa, escreveu na *Revista Espírita* de outubro de 1917, os seguintes pormenores sobre as manifestações que obteve por meio de uma faculdade que o filho falecido nele descobriu e desenvolveu.

No estado de vigília, na escuridão da noite, vejo, com os olhos fechados ou abertos, com claridade e intensidade iguais, formarem-se diante de mim letras fluídicas, de cores variadas. Essas letras alinham-se e formam mensagens assinadas pelas entidades das quais emanam.

Essa mediunidade por meio da visão foi-me revelada por mensagens de nosso filho, aproximadamente quatro meses após sua morte, em outubro de 1916. Ele sempre faz preceder a mensagem de sua assinatura e do número de matrícula no regimento, tal como fazia nas suas cartas rápidas que nos mandava do front. Todas as manhãs, com raras exceções, recebo uma mensagem, quase sempre acompanhada de flores, principalmente uma flor de que todos nós gostávamos e que é a papoula amarelo-ouro (copa de ouro) da Califórnia. Durante o dia, também recebo mensagens que me são anunciadas por uma pancada dada no ar e que minha companheira

> ouve tão distintamente como eu. Fecho então os olhos e, depois da assinatura e do número de matrícula, que nunca faltam, leio a mensagem. Por vezes, minha mulher, dirige, em voz alta, a palavra ao filho e eu logo obtenho a resposta escrita em letras fluídicas, no fundo escuro criado por minhas pálpebras fechadas.
> Tive muitas outras visões, em várias ocasiões, de pessoas, quer no momento da sua morte, quer até de pessoas vivas. Algumas dessas visões não poderiam ser explicadas por aquilo que nossos adversários gostam de chamar alucinações. Com efeito, vi tais aparições em épocas ou em trajes que não poderiam ser produzidos por minha imaginação. Assim, uma jovem com quem eu não falara mais do que uma vez na vida, seis meses antes da sua morte, e cuja mãe estava inconsolável, apareceu-me três vezes: a primeira vez, na hora da morte, que eu ignorava, mostrando-se tal como a havia conhecido, alegre, viva, sorridente; a segunda vez, tal qual estava representada em uma fotografia, *de cuja existência só vim a saber dois ou três meses depois*, e no qual ela estava penteada de modo muito especial e vestida de forma inteiramente diferente da normal; a terceira vez, estava toda de branco, como um camafeu. Certamente nosso filho suscitou essas visões para o nosso bem e para que, sem temor, pudéssemos declarar nossa fé profunda, o que fazemos abertamente, pois consideramos isso como o nosso mais absoluto dever.
> Nossa crença foi uma fonte de consolação e, por isso, não podemos hesitar em proclamá-la abertamente.

É provável que se coletem inúmeros fatos desse tipo, relativos à guerra. As provas da sobrevivência da alma aumentam a cada dia e já constituem um conjunto respeitável. Elas vão ainda se multiplicar com os casos de identidade, abrangendo todas as espécies de fenômenos na sua infinita variedade. Com efeito, os mortos nos campos de batalha, nos hospitais e nas ambulâncias, em suma, todas as vitimas desses acontecimentos terríveis só desejam se manifestar para aqueles a quem amaram na Terra, revelando-lhes sua presença, prodigando-lhes encorajamentos e consolações. Podemos esperar que isso ocorra logo que tenha passado o período de perturbação que se sucede às mortes repentinas, para o qual eles empregarão todos os recursos a seu alcance.

Assim, dos males causados pela guerra surgirá a certeza de que a vida se apresenta com dois aspectos, mas que não tem fim.

Um raio de luz, infiltrando-se através das nuvens negras, virá iluminar o caminho da humanidade, até agora incerto e obscuro.

Capítulo 26

A alma e os mundos: a vida infinita

Leitores que, no decorrer destas páginas, seguistes o fio de meu pensamento, nelas encontrastes, por certo, um pouco das vossas impressões e das vossas emoções, como um reflexo de vossa própria imagem e foi, talvez, isso que tenha despertado vosso interesse. Antes de encerrar este livro, convido-vos a abandonar, por um momento, as nossas preocupações comuns, as lembranças tristes e dolorosas de quatro anos trágicos, para elevarmos nossos olhares para essa natureza infinita que sempre foi para mim um poderoso conforto.

Muitas vezes, na insônia ou na ansiedade, levanto-me no meio das noites claras para contemplar o desfile majestoso dos astros. Esses mundos luminosos falam-me a mais eloquente das linguagens; falam-me da sabedoria e do poder do Criador. Sua visão consola-me dos horrores da Terra, desta pobre Terra ensanguentada pela guerra, coberta de ruínas e banhada por tantas lágrimas. Da profundeza do espaço, aqueles mundos me atraem, me chamam e como que me fazendo sinais de inteligência. Se meus olhos se apagarem, se minha cegueira se tornar completa, será para mim uma cruel privação não mais poder contemplar esses prodigiosos diamantes celestes.

Nessa hora em que a Terra coberta de luto chora seus filhos mortos, parece que os céus estão em festa. Seria para receber os que, momentaneamente, nos deixaram? No zênite, brilha Júpiter com todo o esplendor tomado do Sol. A majestosa constelação de Órion inclina-se para o poente; reconhecemos Sírio por sua luz branca e pura; mas aqui e acolá, por toda parte, resplandecem outros focos: Rígel, Prócion, Aldebarã etc.

Em alguns instantes, aparecerão a rica constelação do Leão, Vega e o gigante Arcturo semelhante a oito mil sóis como o que nos ilumina. A Via Láctea estenderá sobre nossas cabeças a sua imensa faixa, poeira de sóis, que a distância torna apenas distinta. O cortejo dos astros desfilará, sem termo, sem fim; as irradiações e as vibrações de todos esses mundos cruzam-se na imensidão. A alma sensível fica impressionada: sente os eflúvios de amor e as palpitações da vida universal. Ela tem o sentimento das trocas que se operam entre o firmamento e a Terra, quando se elevam os pensamentos e as preces e descem as forças e as inspirações.

Quantas perguntas esse espetáculo não desperta em nossa mente! Para onde irão todos esses astros no seu curso rápido, por exemplo, a estrela número 1830 do catálogo de Groombridge que, vinda de um universo desconhecido, transpõe 300 quilômetros por segundo e atravessa o nosso Universo como um enorme projétil? E esses cometas errantes, estranhos mensageiros, vagando de sistema em sistema, qual é a sua origem e o seu papel no cosmo? Além disso, as inumeráveis nebulosas, disseminadas no espaço como berços dos universos futuros, gêneses de mundos ou formigueiros de sóis e que encontramos profusamente semeadas até no espaço incomensurável!

Por muito tempo, tais abismos de mistério e silêncio, essas profundezas de sombra e luz foram objeto de espanto e de terror para o homem. Era com hesitação, quase com medo, que o seu pensamento tentava sondar-lhes as profundezas. Agora, graças à revelação dos espíritos, essa imensidão, triste e muda na aparência, anima-se e vibra. Todos esses mundos e os espaços que os separam estão povoados por legiões de almas, tanto humanas quanto etéreas. Estão ali as nossas futuras moradas, as etapas de nossa longa peregrinação, os degraus da escada de ascensão que todos, através dos tempos, temos de subir. O nosso planeta atrasado é um abrigo de dor e lágrimas, uma rude escola em que espíritos jovens vêm adquirir as virtudes estoicas, as qualidades essenciais que lhes abrirão o acesso às esferas venturosas; mas lá no Alto, sociedades mais adiantadas desenvolvem-se na paz, na alegria, na harmonia.

Assim, fora dos limites de nossas breves e penosas existências terrenas, abrem-se diante de nós perspectivas imensas, oferecem-se ao nosso interesse e à nossa atenção assuntos múltiplos de estudo e exploração, variedades, contrastes inimagináveis. Diante de tantas maravilhas reservadas ao nosso futuro, as presentes provações perdem sua gravidade. Aumentam a nossa confiança, a nossa esperança e a nossa fé. Incapazes de medirmos a extensão das riquezas espirituais que serão nossa partilha, juntamos os nossos cantos às vozes do Espaço, ao coro universal dos seres e dos mundos para celebrarmos a vida eterna e infinita!

* * *

No Céu está escrito o nosso destino com caracteres de fogo. Desde a origem dos mundos, Deus traçou sobre nossas cabeças, em linhas sublimes, o poema da alma e de seu futuro. E todos os que souberam decifrar esses caracteres grandiosos extraíram desse estudo sabedoria e força moral. É verdade que ainda é restrito o número dos iniciados. Mesmo entre os espíritos da nossa esfera, há poucos que conseguiram visitar e descrever os esplendores celestes. Se alguns, em voo rápido, podem explorar diversos sistemas e penetrar mais além dentro do infinito, devem regressar logo aos meios correspondentes ao seu grau de evolução.

Essas explorações longínquas são permitidas ao espírito que delas se mostra digno, a fim de lhe indicarem a sua via de ascensão. Elas estimulam sua vontade de adquirir os méritos que o farão viver na sociedade das almas unidas pelo amor na felicidade.

Tudo está graduado em nossa evolução.

Para os espíritos demasiado jovens, insuficientemente preparados, a posse de algumas verdades colocaria em risco todo o seu equilíbrio mental.

Apenas aos espíritos nobres pertence o pleno conhecimento do Universo. É deles, principalmente, que nos vem, por intuição ou por mediunidade, a revelação das leis superiores. Para obtê-

-la, é preciso que preparemos nossa alma pela meditação, pelo recolhimento, pela prece. Assim se produz em nós uma espécie de ampliação do ser, uma expansão das faculdades que torna possível que em nós penetrem as mais altas verdades. Por seu intermédio, por sua ação opera-se, aos poucos, uma transformação. Ao mesmo tempo em que se desdobram as páginas do livro exterior, à medida que se aclara o horizonte, o ser interior se ilumina e os ecos de dentro respondem aos apelos de fora.

Sob o influxo espiritual, as lembranças do passado, sepultadas no mais profundo da nossa memória, ressurgem. Reconstitui-se a cadeia das nossas existências. Recobramos a consciência da nossa verdadeira natureza e da nossa pátria de origem. Sentimos melhor a gravidade e a solenidade das coisas da vida: provações e males, trabalhos e dores, são considerados como alguns dos meios de educação e de elevação.

Toda a nossa história, através dos séculos, está escrita em nós. As nossas vidas anteriores, monótonas ou trágicas, verteram gota a gota, no fundo de nossa alma, e como uma água profunda, uma espécie de espelho no qual, ao nos inclinarmos em certas horas, poderemos ver refletirem-se as imagens do passado.

Constatamos que, nos fenômenos de exteriorização e pela visão psíquica aumentada, o ser revê os locais onde se desfiou o rosário de suas existências: as margens, banhadas de sol, da Ática onde o mar rebenta sua faixa de espuma debaixo dos ramos dos mirtos e da verdura argêntea das oliveiras; as imensas planícies da Assíria e do Egito e os colossos de pedra que erguem para o céu azul as suas formas geométricas ou os seus perfis de animais. Ele reconstitui as civilizações remotas e o papel, muitas vezes obscuro, outras vezes brilhante, que nelas desempenhava. Revê as alvas cidades cujos nomes harmoniosos marcam como estações a marcha intelectual da humanidade: Atenas, a joia da Hélade, a cidade querida dos filósofos, dos oradores e dos escultores; Crotona, onde Pitágoras ensinava a sua doutrina a um círculo de iniciados; Alexandria, onde os esplendores do gênio grego se fundiram, no crisol do pensamento, com a chama do cristianismo nascente.

Aqueles que, dentre nós, viveram aquelas horas fascinantes da História não podem evitar um sentimento de emoção, ao recordarem-se da adolescência ingênua de sua alma, embalada pelos mitos e pelas lendas pagãs, e totalmente enamorada pelas miragens da vida oriental.

Poderíamos ter uma ideia de tais impressões, comparando-as com as que nos proporciona, no ocaso da vida, a lembrança das ricas sensações da nossa mais recente mocidade, quando tudo era, para nós, sedução e encanto.

Então todos os espetáculos da natureza provocavam em nós uma espécie de embriaguez. Por exemplo, que arrebatamento quando, pela primeira vez, entramos na floresta profunda, ouvindo o murmúrio das fontes, dos regatos, ou a canção do vento nos ramos! Ou quando, do alto das montanhas, contemplamos a extensão dos vales e das planícies, vendo, ao longe, brilhar o mar ou desdobrar-se o panorama de uma grande cidade!

Quantas riquezas escondidas no recôndito obscuro da alma! Tesouros de pensamentos e de obras, de alegrias e de sofrimentos acumulados pelos séculos no íntimo do ser e que a sugestão hipnótica faz voltar à luz, como essas plantas e flores que flutuam na superfície dos lagos e cujas raízes imergem nas profundezas sombrias das águas.

Entre esses quadros e essas recordações que brotam da sombra do passado, existem alguns que são agradáveis e repousantes, sem dúvida, mas, por outro lado, quantas cenas que preferiríamos não tê-las vivido!

Elas emergem do silêncio e da noite e assumem poderosa relevância. Às vezes, ao vê-las, somos invadidos pela angústia. Dessas lembranças subitamente despertas, vibrações dolorosas se propagam e nos invadem.

Os segredos enterrados no fundo de nossa memória levantam-se e nos acusam. Todo o nosso passado subsiste indestrutível e indelével, não há poder capaz de destruí-lo, mas nos é permitido resgatá-lo no futuro, com nossas obras de sacrifício e tarefas bem realizadas. Compreendemos por que a sabedoria eterna, por algum tempo, conservou veladas essas remotas lembranças a fim de nos deixar mais completa liberdade de ação no decorrer desta vida. Sem tal precaução necessária, os fantasmas das nossas existências passadas surgiriam, sem cessar, diante dos nossos olhos, perturbando a calma e a serenidade do presente. O conhecimento das responsabilidades adquiridas e de suas consequências paralisaria, antes, o nosso progresso.

* * *

Os mais profundos mistérios da alma e do Universo continuam, pois ocultos para nós. Todavia, podemos constatar que um sensível progresso se realiza no domínio do conhecimento. O véu do destino se levanta e a grande lei da evolução se delineia aos nossos olhos.

Assistimos a uma verdadeira transformação do pensamento sob o ponto de vista filosófico. Ele abandona cada vez mais as posições materialistas que desde há muito ocupava, para tornar-se espiritualista e idealista. Já passaram de moda as teorias do átomo e da célula. Acima da matéria, reconhece-se a existência de uma força organizadora, de um dinamismo poderoso que a penetra e rege. Mais acima ainda domina a ideia.

A inteligência e a vontade governam o mundo dos seres e das coisas. Aparece a lei, e por meio dela, afirma-se a ideia de Deus.

Deus é o pensamento e a força eterna que movem o Universo. Ele é a conciliação de todos os problemas e o objetivo supremo de todas as evoluções. É Dele que decorrem as mais altas inspirações do gênio, bem como as intuições do artista e do sábio.

Todas as criações de uma arte sublime, os grandiosos espetáculos da natureza, as harmonias do Universo, a sinfonia que, entre si, os mundos compõem nas profundezas dos espaços, tudo isso não é mais que o reflexo, o fraco eco do poder criador.

Estudar Deus em sua obra, eis o segredo de toda a força, de toda a verdade, de toda a sabedoria, de todo o amor. Porque Deus irradia através de sua obra, tal como o sol irradia através das leves brumas que flutuam, nas horas matutinas, sobre os bosques e os vales.

Capítulo 27

A Grande Doutrina

A guerra mundial marcou o fim de uma época. Abre-se diante de nós outro período da História, oferecendo aos homens de saber e de boa-vontade uma imensa tarefa. Trata-se de refazer toda a humanidade, por meio de uma educação, uma moral e uma fé novas. Trata-se de mostrar às gerações que passam o fim que devem atingir, de ensinar-lhes o sentido profundo da vida, a nobreza do trabalho, a grande lição da morte.

É necessário ensinar a todos que a nossa existência é sagrada, até mesmo nos seus aspectos triviais, apesar das suas provações e suas dores e, sobretudo, em razão destas, já que a vida é para nós o meio supremo de ascensão e elevação; ensinar-lhes que as vidas humildes, obscuras e laboriosas, quando não são o resgate de um passado criminoso, constituem um processo eficaz de aperfeiçoamento. É preciso demonstrar-lhes a virtude do sacrifício e a vaidade das riquezas que nos acorrentam à matéria. É pela abnegação que o ser adquire toda a sua força de irradiação e espalha salutar influência sobre tudo o que empreende e sobre tudo que o rodeia.

Através de mil vidas, o homem deve conhecer todas as alternativas da alegria e da dor, que é, incomparavelmente, a mais fecunda para o seu progresso; eis porque em volta de nós há mais causas de pesar do que de felicidade. Não diz a décima-sexta *Tríade*: "Tudo é padecer em *Abred* (a Terra), porque sem isso não se pode adquirir ciência completa sobre coisa alguma"? O homem deve ocupar, alternadamente, as mais variadas situações sociais, a fim de sofrer as provações e adquirir as qualidades inerentes a esses diversos meios. As situações fáceis nos oferecem a possibilidade de desenvolvermos as nossas faculdades, cultivarmos as artes e as ciências, exercermos a caridade; as situações obscuras, dependentes, nos ensinam a paciência, a disciplina; a economia, a perseverança no esforço. Ora vencido pelo destino, ora servido por ele, o homem abre caminho através dos obstáculos, mas, a cada dificuldade superada, sente sua força aumentar, sua vontade se retemperar e enriquecer sua experiência.

A cada renascimento, ele retorna à vida terrena como a uma escola salutar na qual ganhará novos méritos; reinicia a luta que deve aumentar-lhe o cabedal de energia e as riquezas de espírito e de coração.

Assim, de vida em vida, como a borboleta que sai da crisálida, ele sente desprender-se, aos poucos, da individualidade grosseira do início, um espírito poderoso, radiante de luz, de sabedoria e de amor. E continuará a sua marcha de esfera em esfera, de mundo em mundo, unido aos seres amados, para com eles chegar, um dia, à plenitude da ciência, da virtude e da felicidade.

* * *

A revelação dos espíritos efetua-se, como sabemos, por meio de fenômenos, cujo conjunto constitui uma ciência nova, uma ciência que encontra, em tais fatos, elementos preciosos de desenvolvimento e progresso.

A ciência havia atingido os últimos limites do mundo material. Agora, diante dela, o invisível se abre com as suas forças imensas e as suas leis espirituais. Sem o conhecimento de tais leis, é impossível compreendermos a vida em suas formas variadas e em sua colossal ascensão.

Uma análise metódica e racional das manifestações colocará a ciência em contato com o mundo dos espíritos, aproximando as humanidades e facilitando sua colaboração em um programa de trabalhos do qual resultará mais ampla compreensão do universo psíquico e das condições da vida em seus estados superiores.

Não é esse, porém, senão um dos dois aspectos de uma grande questão. A ciência é necessária, mas não é suficiente. A corrente científica deve ter como paralelo e complemento a corrente popular que irá levar às massas os ensinamentos e o conforto de que necessitam. A ciência é complexa e, como tal, inacessível à maioria. O ensino popular deve ser simples e ao alcance de todos.

Faz cinco anos que epidemias, lutos, todos os males decorrentes da guerra causaram cruéis feridas à França. São incontáveis as almas que a dor atingiu e que exigem a parte que lhes cabe de verdade e de luz.

Devemos ir até humanidade sofredora e abrir-lhe as perspectivas reconfortantes do invisível e do Além, demonstrando-lhe a certeza da sobrevivência e da imortalidade, a alegria do encontro para os que foram separados pela morte.

Devemos ir até o povo carente de ideal, aos humildes e aos pequenos enganados pelo materialismo e, nos quais, somente soube desenvolver o apetite dos prazeres e os sentimentos de ódio e inveja. É nosso dever levar-lhes o ensinamento moral, a alta e pura doutrina que ilumina o porvir e nos mostra a justiça realizando-se pelas vidas sucessivas.

Todos vós que, amando a justiça, a procurais no círculo estreito que o vosso olhar abrange, raramente a encontrareis nas obras humanas, nas instituições deste mundo inferior. Ampliai vossos horizontes e podereis vê-la desabrochar na sequência de nossas existências através dos tempos, pelo simples jogo dos efeitos e das causas.

Tanto o bem como o mal voltam sempre à sua fonte. O crime recai pesadamente sobre os seus autores. Nosso destino é obra nossa, mas só se ilumina com o conhecimento do passado. Para nos apoderarmos do seu encadeamento, é preciso que pairemos no alto e contemplemos no seu conjunto o panorama vivo de nossa própria história. Ora, isso só é possível ao espírito liberto do invólucro carnal, seja pela exteriorização durante o sono, seja pela morte. Então, das sombras e das contradições do presente uma viva luz se desprende para ele. Aparece a grande lei no seu esplendor e na sua majestade soberana, regulando a ascensão dos seres, da mesma forma que rege a marcha dos mundos.

Quando os apóstolos da causa social compreenderem e ensinarem essa elevada doutrina, nela encontrarão fecunda fonte de inspiração. Ela dará às suas palavras o poder de penetração, o calor que derrete os gelos da indiferença e do ceticismo, e de seus corações sairá uma vaga purificadora e regeneradora.

Aguardo aqui as mesmas objeções que me foram feitas durante certas conferências. Dir-me-ão: "É essa a linguagem usada por todas as opressões políticas e religiosas através dos séculos para dominarem e subjugarem as massas. Tais promessas de vidas futuras, embora apresentadas de outra forma, são sempre, no dizer de Jaurès, «a velha cantiga que acalenta a miséria humana»".

E possível que as nossas maneiras de ver não concordem com as deste ou daquele teórico. O que buscamos, acima de tudo, é a verdade. Para descobri-la, é preciso que nos alcemos até as serenas regiões aonde as paixões políticas não chegam e onde os interesses materiais não reinam. Interrogai os grandes mortos –, responderei aos meus contraditores –, inspirai-vos nos seus conselhos. Eles confirmarão essas leis superiores fora das quais é ineficaz e estéril toda a obra humana.

Enquanto restringirdes o vosso pensamento aos horizontes estreitos da vida presente, enquanto não quiserdes ver na vida o que ela é realmente, ou seja, um degrau para subir mais alto, serão inúteis as vossas tentativas para que se estabeleça neste mundo uma ordem de coisas em conformidade com a justiça, assim como serão vãos todos os esforços do vosso gênio. Vede o que está se passando lá no Oriente da Europa, onde a feroz luta de classes lança as nações em um abismo onde não brilha sequer um raio de idealismo. Observai essa maré crescente das paixões desencadeadas por um grosseiro materialismo que ameaça tudo invadir! A despeito de certas teorias, o que, sobretudo, é preciso fazer para atingirmos a paz social e a harmonia é o acordo íntimo das inteligências, das consciências e dos corações. E isto, somente uma grande doutrina, uma revelação superior que trace a rota humana e fixe os nossos deveres comuns poderá nos dar.

* * *

Como dissemos, na história do mundo as catástrofes são

geralmente os sinais precursores de novos tempos, o anúncio de que se prepara uma transformação e de que a humanidade vai passar por modificações profundas.

A morte abriu numerosos claros, mas entidades mais evoluídas virão encarnar-se na Terra. Inumeráveis legiões das almas libertas pela guerra pairam acima de nós, ávidas por participar dos nossos trabalhos, dos nossos esforços, para transmitirem aos que elas deixaram no mundo a confiança em Deus e a fé em um futuro melhor. Sua ação estende-se e impõe-se cada vez mais, suscitando testemunhos inesperados que, por vezes, vêm de bem alto. Por exemplo, o jornal *L'Homme libre* [*O Homem Livre*], de 1º de janeiro de 1919, constatava tal fato nos seguintes termos: "Os nossos queridos mortos estão ao nosso lado e a humanidade compõe-se mais de mortos do que de vivos. Somos governados pelos mortos".

Em magnífico arroubo oratório na Câmara dos Deputados, Georges Clemenceau evocava os espíritos de Gambetta, Scheurer-Kestner, Chanzy e outros ilustres mortos e convidava-os a serem "os primeiros a transpor as terríveis portas de ferro que contra nós fechara a Alemanha".

O próprio Presidente da República, Raymond Poincaré, disse no seu discurso de Estrasburgo: "Conosco, Alsácia, honrarás a memória dos nossos mortos, porque tanto quanto ou mais que os vivos, foram eles que te libertaram!". Não foram somente esses grandes mortos os artesãos da nossa vitória. À frente deles vemos os espíritos de Luz que nos mostram o caminho sagrado e os altos destinos que nos esperam.

Torna-se evidente que muitos homens, e não somente os de menor valor, por meio da provação, foram curados dessa sensualidade e desse ceticismo pestilentos que quase levaram a França à perdição. Hoje, um grande sopro passa pelo mundo e conduz as almas para uma síntese em que tudo o que há de bom e de verdadeiro nas antigas crenças vem juntar-se às obras da ciência e do pensamento modernos, para formar o instrumento por excelência de educação e disciplina social.

Às vezes, todavia, à nossa volta, a sombra se condensa e a escuridão da noite torna-se maior; multiplicam-se os perigos e sobre a civilização pesam terríveis ameaças.

Mas em tais horas, sentimos mais perto de nós os nossos grandes irmãos do Espaço. Seus fluidos vivificantes nos amparam e nos penetram. Graças a eles, no horizonte, acendem-se clarões de aurora que iluminam o nosso caminho. No meio do caos dos acontecimentos, delineia-se um mundo novo.

Fim